Politique et Culture dans la Pensée Émancipatrice Africaine

Amílcar Cabral
(1972)
Ernest Wamba-dia-Wamba
(2003)

Édité par
Michael Neocosmos

Daraja Press

Publié par Daraja Press
https://darajapress.com
Wakefield, Québec, Canada
ISBN 9781990263798

Introduction : © 2021 Michael Neocosmos

Le rôle de la culture dans la lutte pour l'indépendance
par Amílcar Cabral, initialement publié en français par l'UNESCO
(https://unesdoc.un-esco.org/ark:/48223/pf0000001749).

*Les Mbongi et la palabre hier, aujourd'hui et demain :
Point de vue sur l'enracinement et l'ouverture culturel.*
© 2021 Succession d'Ernest Wamba-dia-Wamba

Conception de la couverture et mise en page du livre : Kate McDonnell

Catalogage avant publication de Bibliothèque et Archives Canada

Titre: Politique et culture dans la pensée émancipatrice africaine : Amílcar Cabral (1972), Ernest Wamba-dia-Wamba (2003) / édité par Michael Neocosmos.
Autres titres: Politics and culture in African emancipatory thought. Français
Noms: Neocosmos, M., éditeur intellectuel, auteur d'introduction. | Conteneur de (expression) : Cabral, Amilcar. Cultura nacional. Français. | Conteneur de (expression) : Wamba-dia-Wamba, E. Mbongi and the palaver. Français.
Description: Mention de collection: Thinking freedom | Traduction de : Politics and culture in African emancipatory thought. | Comprend des références bibliographiques.
Identifiants: Canadiana 20230461603 | ISBN 9781990263798 (couverture souple)
Vedettes-matière: RVM: Politique et culture—Afrique. | RVM: Culture populaire—Afrique. | RVM: Mouvements de libération nationale—Afrique.
Classification: LCC JA75.7 .P5514 2023 | CDD 306.2096—dc23

Introduction   1
Michael Neocosmos

Le rôle de la culture dans la lutte pour l'indépendance   22
Amílcar Cabral

Le mbongi, la palabre ; hier, aujourd'hui et demain
Point de vue sur l'enracinement et l'ouverture culturel   42
Ernest Wamba-dia-Wamba

Introduction

Michael Neocosmos[1]

> *Les masses populaires [...] sont porteuses de culture, elles sont la source de la culture, et en même temps, la seule entité vraiment capable de préserver et de créer la culture, de faire l'histoire* (Amilcar Cabral)
>
> *Le sens profond de la dictature, en Afrique, c'est le fait d'imposer cette greffe sur toute la société, par des moyens qui visent à la destruction violente et vicieuse de la culture et des traditions paysannes. [...] C'est une crise civilisationnelle profonde. Les trois refus africains s'expliquent sur cette base: le refus de penser pour soi-même, le refus de prendre au sérieux tout son passé et le refus de voir les choses dans une perspective de long terme. On parle avec des discours d'emprunt, parfois sans en être conscients.* (Ernest Wamba-dia-Wamba)

Deux conceptions des cultures populaires dans la pensée émancipatrice africaine

Cette introduction présente et discute deux conceptions originales concernant l'importance des cultures populaires africaines dans les contextes changeants de la pensée de l'émancipation politique sur le continent. Nous prenons en considération une conception du XXe siècle et une autre du XXIe siècle en raison des différentes façons dont la politique émancipatrice a été pensée pendant les différentes périodes historiques, bien qu'il faille aussi remarquer comment ces deux conceptions s'inspirent d'un mode de pensée dialectique.

La conception d'Amílcar Cabral cherche à penser la libération à partir du colonialisme (défini comme la domination par un État colonial étranger) et l'importance potentielle des cultures africaines dans ce processus. De son côté, la conception de Wamba-dia-Wamba explore le potentiel d'émancipation du néocolonialisme et de ses conceptions néolibérales de la politique et de l'État apparentes dans les cultures populaires rurales. Dans chaque cas, l'idée centrale

---

1 Michael Neocosmos est Professeur émérite en Humanités à Rhodes University, Afrique du Sud. Il est l'auteur de *Thinking Freedom in Africa: toward a theory of emancipatory politics*, Jo'burg: Wits University Press 2016, lauréat du Frantz Fanon outstanding Book Award. Traduction effectuée par Elieth Eyebiyi, anthropologue social et IsoLomso Fellow au Stellenbosch Institute for Advanced Studies, Afrique du Sud.

Introduction

concerne l'élucidation d'une politique collective à partir d'une activation des potentialités latentes de différents aspects de la culture populaire, mais pensée de manière distincte. Étant donné l'absence aujourd'hui d'un État colonial sur le continent et son remplacement par un État néocolonial qui reproduit nombre de ses caractéristiques et en modifie certaines dans un contexte historique différent, il n'est plus justifiable de se contenter de reproduire sans critique les conceptions politiques qui se sont révélées justifiables par le passé mais demeurent limitées aujourd'hui. Cela reviendrait à encourager un dogmatisme contre-productif. Il est clair, par exemple, que la forme d'organisation incarnée par le parti, qui était centrale dans la pensée des luttes anticoloniales, est aujourd'hui en crise sur le continent car elle ne représente plus des classes distinctes ou même des visions différentes du bien commun, mais qu'elle n'est qu'un véhicule d'accumulation privée, voire de pillage vulgaire des ressources nationales qui sont ensuite rapidement exportées hors du pays

Dans les deux cas, les deux arguments politiques discutés insistent sur la centralité de la culture populaire africaine dans une politique d'émancipation sans tomber dans l' « afrocentrisme » ou le « nativisme ». Ils le font en exposant des arguments dialectiques distincts qui combinent la particularité de la culture et de l'histoire avec l'universalité de l'humain. Chacun d'eux sera discuté ici en vue d'élucider une pensée politique qui conçoit les cultures africaines comme possédant des potentialités émancipatrices universelles latentes dans des contextes culturels particuliers ; c'est ce qui leur confère un caractère dialectique. Ces potentialités nécessitent alors une activation simultanée par un mouvement de masse. Dans le cadre de ce processus, il sera soutenu que le sujet de la connaissance politique est potentiellement déjà une collectivité, et que, par conséquent, le processus d'acquisition de la connaissance politique est collectif et non individuel. Les Africains ont donc potentiellement une longueur d'avance sur de nombreux peuples du Nord global, par exemple, car les formes d'acquisition de la connaissance collective et de la résolution des contradictions au sein du peuple n'ont pas encore été socialement oubliées. Tandis que pour Cabral, la culture constitue le moyen par lequel une politique de masse peut être développée afin qu'une nation puisse récupérer son histoire par l'action politique, pour Wamba-dia-Wamba le processus primaire de la politique concerne la constitution d'un tel collectif politique par la résolution des contradictions au sein du peuple a travers les prescriptions culturelles existantes.

Introduction

1. Amílcar Cabral : Culture populaire et réappropriation de l'histoire à travers la politique

Les luttes émancipatrices en Afrique ont cherché à réaffirmer l'humain dans les relations sociales et à insérer pleinement les peuples africains dans une histoire universelle dont ils ont été exclus de force par le colonialisme et le capitalisme racial. Malgré les tentatives d'acculturation, les masses populaires ont eté et continuent d'être les porteurs ultimes de la culture. . En conséquence, leurs luttes ont régulièrement insisté sur la nécessité de fonder ou de réaffirmer une anthropologie philosophique à partir des cultures au sein desquelles les Africains vivaient. Cependant, aux yeux des leaders nationalistes des années 1950 et 1960, ces cultures apparaissaient souvent contradictoires, présentant à la fois des particularismes ethniques et des potentialités pour penser l'universel. La dialectique entre ce qui est culturellement spécifique et ce qui est universellement humain était au cœur de la pensée des ceux qui ont pris cette libération culturelle au sérieux. Les rares dirigeants qui ont essayé de penser le potentiel culturel de l'émancipation en Afrique l'ont fait après avoir accédé au pouvoir d'État. Bien que l'idée d'Ujamaa de Nyerere soit particulièrement illustrative à cet égard, la plupart des autres ont tenté sans succès de surmonter ce qu'ils considéraient comme les divisions tribales produites et encouragées par la colonisation.. En affirmant avec force une conception occidentale de la modernité, les dirigeants de la période post-indépendance ont réduit la culture populaire à un problème ethnique plutôt qu'à une solution populaire (Neocosmos, 2016b, pp.480-485). D'autre part, il y eu quelques exceptions, et certains ont compris la dialectique entre la lutte pour une humanité universelle et la centralité de la culture dans les luttes populaires. Le plus important d'entre eux fut Amílcar Cabral :

> Nous parlons énormément de l'Afrique, mais dans notre Parti, nous devons nous rappeler qu'avant d'être des Africains, nous sommes des hommes, des êtres humains, qui appartiennent au monde entier. Nous ne pouvons donc pas permettre que les intérêts de notre peuple soient limités ou contrariés en raison de notre condition d'Africains. Nous devons placer les intérêts de notre peuple au plus haut, dans le contexte des intérêts de l'humanité en général, et ensuite nous pouvons les placer dans le contexte des intérêts de l'Afrique en général. (Cabral, 1979 : 80).

Introduction

Cabral a examiné en détail l'importance des cultures populaires africaines dans les luttes de libération nationale et a théorisé une manière particulière de concevoir une politique de libération partiellement fondée sur les cultures populaires. Ce qui est particulièrement original, c'est sa tentative de combiner une compréhension léniniste de la politique du parti d'avant-garde avec une base culturelle de masse dans les sociétés rurales africaines. En adoptant cette approche de la politique émancipatrice, Cabral était un penseur de la libération nationale du vingtième siècle. La centralité du parti politique léniniste, l'adhésion à la lutte armée et l'insistance sur une discipline de fer, étaient toutes caractéristiques de cette conception historiquement spécifique de l'émancipation anticoloniale. Cabral insiste sur le fait que la domination de l'État colonial exigeait que le pouvoir colonial développe une connaissance de la culture des colonisés, car la domination étrangère ne pouvait être maintenue que par la destruction de la culture indigène, quelle que soit sa forme matérielle.

> La pratique de la domination impérialiste ? son affirmation ou sa négation ? a exigé (et exige encore) la connaissance plus ou moins correcte de l'objet dominé et de la réalité historique (économique, sociale et culturelle) au sein de laquelle il se meut, cette connaissance s'exprimant nécessairement en termes de comparaison avec le sujet dominateur et avec sa propre réalité historique. Une telle connaissance est une nécessité impérieuse de la pratique de la domination impérialiste, qui résulte de la confrontation, en général violente, de deux identités distinctes dans leur contenu historique et antagonistes dans leurs fonctions.[2]

Alors que Cabral considérait que la connaissance de la culture des colonisés était une « nécessité impérative » pour le contrôle colonial, il soulignait également que cette connaissance était acquise de manière individuelle, selon une méthode scientifique anthropologique, en relation avec un universel occidental (le « sujet dominant »). D'autre part, et en opposition aux efforts des colonisateurs, Cabral soutient que les masses rurales parmi les colonisés devaientacquérir une connaissance précise de leur lutte contre l'oppression coloniale dans le cadre d'une pratique collective en tandem avec les dirigeants du parti de la libération.

La culture populaire a donc été une préoccupation intellectuelle et politique majeure de Cabral tout au long de la lutte anticoloniale, et il a enquêté

---

2 Les citations sans références bibliographiques proviennent du texte inclus ci-dessous.

Introduction

sur les cultures de manière assez détaillée en se référant à des écrits de sciences sociales dans ses investigations. Le texte dont il est question ici a été rédigé à la manière d'un article universitaire (avec notes de bas de page et références) et a été lu en son nom lors d'une réunion de l'UNESCO en 1972. Il développe son travail sur la culture écrit en 1970 sous le titre *National Liberation and Culture* [Libération nationale et culture] et publié dans l'anthologie *Return to the Source* [Retour aux sources] en 1973.

La politique de Cabral a combiné, à divers degrés, des conceptions universalistes de l'humanité avec des conceptions étatistes plus étroites de la libération. Ceci était dû au fait que Cabral a largement réfléchi dans une perspective marxiste traditionnelle et une conception historiciste du progrès vu comme résultant du développement des forces ou puissances productives, mais en même temps soulignant la culture pas simplement comme une représentation ou une expression de la base matérielle et des classes, mais comme « relativement autonome » au sens d'Althusser. Il voyait la culture comme « à la fois le fruit de l'histoire d'un peuple et un déterminant de l'histoire [bien que] comme l'histoire, ou à cause de son histoire, la culture a comme base matérielle le niveau des forces productives et le mode de production » (Cabral, 1973 : 41-42).

> L'histoire nous permet de connaître la nature et l'ampleur des déséquilibres et des conflits (économiques, politiques et sociaux) qui caractérisent l'évolution d'une société ; la culture nous permet de connaître les synthèses dynamiques qui ont été élaborées et établies par la conscience sociale pour résoudre ces conflits à chaque étape de son évolution, à la recherche de la survie et du progrès (Cabral, 1973 : 42).

La culture est donc selon Cabral le moyen par lequel s'exprime une conscience sociopolitique collective (à l'instar de la « conscience collective » d'Émile Durkheim). Elle a aussi une fonction dans la résolution des conflits, ce qui deviendra plus tard un thème dominant dans l'œuvre de Wamba-dia-Wamba. Il s'ensuit que la culture constitue le langage pour penser la politique de masse, mais pas la politique du parti, étant donné que ce dernier est une avant-garde et est donc imprégné du vocabulaire léniniste. « Notre lutte est basée sur notre culture, car la culture est le fruit de l'histoire et c'est une force » (Cabral, 1979 : 58). La culture est le déterminant de l'histoire d'un peuple précisément parce qu'elle est politique, et l'histoire est un effet de la réappropriation de la politique collective

Introduction

nationale. Pourtant, pour Cabral, toute culture n'est pas politique dans le sens où elle exprime la résistance populaire à la domination coloniale. Dans *National Liberation and Culture* [Libération nationale et culture], il affirme que « les luttes de libération sont précédées par une augmentation des expressions culturelles, consolidées progressivement dans une tentative réussie ou non d'affirmer la personnalité culturelle du peuple dominé, comme un moyen de nier la culture de l'oppresseur » (Cabral, 1973 : 43).

Lorsqu'il en vient à écrire « Le rôle de la culture dans la lutte pour l'indépendance », il insiste dès le début sur le fait que les manifestations d'un caractère culturel ou d'une apparente « renaissance culturelle » ne doivent pas être comprises « comme une méthode de mobilisation de groupe et même une arme dans la lutte pour l'indépendance ». Le rôle politique de la culture est plus complexe. Pour commencer, elle répond à des besoins différents selon les classes de la population, la petite-bourgeoisie urbaine et les masses rurales.

> Pour une appréciation correcte du vrai rôle de la culture dans le développement du mouvement de libération, il faut donc, au moins en Afrique, faire la distinction entre la situation des masses populaires, qui préservent leur culture, et celle des catégories sociales plus ou moins assimilées, déracinées, et culturellement aliénées. Les élites coloniales autochtones, forgées par le processus de colonisation, même à elles sont porteuses d'un certain nombre d'éléments culturels propres à la société autochtone, vivent matériellement et spirituellement la culture de l'étranger colonialiste, auquel elles cherchent à s'identifier progressivement, et dans leur comportement social et dans l'appréciation même des valeurs culturelles indigènes.

En fait, Cabral esquisse le caractère d'une *politique décoloniale* au sens strict avant la lettre. Il ne s'agit pas d'une critique décoloniale académique des conceptions occidentales dans le Sud global. Il s'agit plutôt d'une pratique politique, ce qu'il appelle un « Retour aux sources », qui ne se réfère pas à un retour aux idéologies traditionnelles mais à l'intégration de la pensée politique de l'organisation de type *Parti de libération nationale* au sein des masses combattantes (c'est-à-dire au sein d'un mouvement de masse). Bien que Cabral ait souligné à de nombreuses reprises l'importance d'un parti d'avant-garde par opposition à un mouvement de masse, on a la nette impression qu'il craint que la forme d'organisation du parti soit, en partie, un porteur subjectif de l'étatisme. Sa formule « le peuple se réapproprie sa propre histoire », devrait donc

Introduction

être comprise comme le peuple devenant un sujet politique collectif, ce qui était la seule façon pour lui de devenir le sujet de sa propre histoire et de celle du progrès de l'humanité dans son ensemble. Pourtant, comme nous le verrons, il est conscient du fait qu'il pourrait ne pas y parvenir, surtout après avoir obtenu l'indépendance. Nous savons bien sûr aujourd'hui que l'historicisme n'est plus tenable ; l'humanité n'a pas suivi une route de progrès historique. Après tout, les peuples d'Afrique ont été systématiquement exclus de l'histoire, y compris par l'État postcolonial qui prétendait les représenter. Ce que Cabral, Fanon et d'autres n'ont envisagé que comme une possibilité est devenue une réalité. L'accession du peuple au statut de sujet politique a été historiquement limitée, de sorte qu'aujourd'hui, si nous voulons aller au-delà d'une compréhension de l'histoire comme progrès, la politique d'émancipation populaire doit être comprise comme historiquement limitée dans ses séquences.[3] On trouve ainsi dans l'œuvre de Cabral une manière originale et inventive de penser la politique de masse où la culture populaire est comprise comme l'élément de la vie nationale nécessaire pour résister à l'annihilation complète de l'africanité, et pour fournir un contrepoids à l'assimilation totale du peuple aux normes culturelles occidentales menées par la petite-bourgeoisie avec la reproduction ultime des relations coloniales menant au néocolonialisme.

Pour Cabral, il ne s'agissait pas simplement d'insister sur la spécificité d'une « personnalité africaine », comme cela était fait dans les travaux de Senghor et de Nkrumah, entre autres. Ce n'était pas non plus une tentative de contrer un supposé « afrocentrisme » face à un « eurocentrisme » dominant.[4] Ces deux positions étaient courantes à l'époque. Ce qui était important pour Cabral, c'était plutôt l'immersion de la petite-bourgeoisie nationaliste des villes dans les cultures populaires des zones rurales, dans un processus qu'il appelait le « Retour aux sources ». Pour Cabral, la proximité avec les masses était à la fois une nécessité culturelle et politique. Elle était nécessaire pour éviter l'assimilation, et donc la soumission de la petite-bourgeoisie africaine à l'Occident, qu'il considérait comme le principal danger auquel étaient confrontés les États africains nouvellement indépendants. Ceci était également important en raison de la nécessité de toujours garder à l'esprit ce pour quoi on se battait : la libération du peuple lui-même. Pour Cabral, « la culture

---

3 Voir Michael Neocosmos (2016b)
4 Voir Gordon (*2008:* 106-110): Sekyi-Otu (2018).

Introduction

est à la fois le fruit de l'histoire d'un peuple et un déterminant de l'histoire » (Cabral, 1973 : 41). Si elle est un déterminant de l'histoire au sens où Cabral l'entend comme une réappropriation de l'histoire nationale bloquée par le colonialisme, elle est avant tout un déterminant possible de la politique en raison de son potentiel émancipateur. En effet, seule une présence politique, c'est-à-dire le devenir de la nation en tant que sujet politique indépendant (« nous le peuple »), permet au peuple de se réapproprier son histoire à travers sa culture, afin qu'elle lui appartienne pleinement. La notion de 'peuple' est donc exclusivement une catégorie politique :

> En Guinée et au Cap-Vert aujourd'hui, le peuple... signifie pour nous ceux qui veulent chasser de notre pays les colonisateurs portugais. Ils sont le peuple, les autres ne sont pas de notre pays même s'ils y sont nés. Ils ne sont pas le peuple de notre pays ; ils sont la population mais pas le peuple. C'est cela qui définit le peuple aujourd'hui (Cabral, 1979 : 89).

La question de savoir qui était membre de la nation-peuple exigeait donc une réponse purement politique, et non sociale ou historique.

> Si la domination impérialiste a le besoin vital de pratiquer l'oppression culturelle, la libération nationale est nécessairement un acte de culture [...] Le mouvement de libération doit [...] incarner le caractère de masse, le caractère populaire de la culture – qui n'est pas et ne pourra jamais être le privilège d'un seul ou de quelques secteurs de la société (Cabral, 1973 : 43-44).

Pourtant, la nation a un fondement social, car les personnes les plus résolument anticolonialistes se trouvent dans les masses, les plus pauvres, les plus exclues (les "damnés de la terre" au sens de Fanon) et en particulier la paysannerie rurale. La nation a un biais par rapport au monde rural : non seulement les ruraux sont numériquement majoritaires, mais ils sont les plus exclus politiquement et les plus opprimés. Ils n'ont rien à gagner à la poursuite du colonialisme ; eux seuls peuvent être véritablement universels et consistants dans leur demande de liberté nationale et de démocratie. C'est d'entre eux que doit se construire une culture nationale. Mais, en même temps, rien ne garantit que le peuple puisse déterminer sa propre histoire après l'indépendance. Étant donné que ce sont les membres de la petite-bourgeoisie qui risquent d'hériter de l'État indépendant, le « retour aux sources » acquiert une importance

Introduction

encore plus grande, car le nouvel État ne peut être une simple question « de changement de peau ».

> Si vous voulez vraiment connaître les sentiments de notre peuple sur cette question, je peux vous dire que notre gouvernement et toutes ses institutions doivent adopter une autre nature. Par exemple, nous ne devons pas utiliser les maisons occupées par la puissance coloniale de la manière dont elle les a utilisées. J'ai proposé à notre parti que le palais du gouvernement à Bissau soit transformé en une maison du peuple pour la culture, pas pour notre premier ministre ou quelque chose de tel (de toute façon, je ne crois pas que nous aurons des premiers ministres). Il s'agit de faire comprendre au peuple qu'il a vaincu le colonialisme – cette fois, c'est terminé – il ne s'agit pas seulement de changer de peau. Ceci est vraiment très important. C'est le problème le plus important dans le mouvement de libération. Le problème de la nature de l'État créé après l'indépendance est peut-être le secret de l'échec de l'indépendance africaine. (Cabral, 1973:84).

Néanmoins, la référence constante aux fondements de classe de la politique d'émancipation nationale en particulier soulève une contradiction qui s'exprime le plus clairement dans la remarque bien connue de Cabral concernant la nécessité pour la petite-bourgeoisie de « se suicider en tant que classe » si elle ne veut pas trahir les objectifs de la lutte pour la libération nationale :

> Afin de ne pas trahir ces objectifs, la petite bourgeoisie n'a qu'une seule voie : renforcer sa conscience révolutionnaire, répudier les tentations de devenir "bourgeoise" et les prétentions naturelles de sa mentalité de classe ; s'identifier aux classes de travailleurs, ne pas s'opposer au développement normal du processus de révolution. Cela signifie que [...] la petite bourgeoisie révolutionnaire doit être capable de se suicider en tant que classe, pour être ramenée à la vie dans la condition d'ouvrier révolutionnaire qui s'identifie complètement aux aspirations les plus profondes du peuple auquel il appartient (Cabral, 1979 : 136).

La contradiction consiste dans le fait que, après avoir insisté de manière historiciste sur le fait que la politique représente les intérêts de classe, il devient évident pour lui que si l'émancipation doit être réalisée, surtout après le moment de l'indépendance, les intérêts de classe doivent être supplantés par une politique largement en contradiction avec les intérêts de classe. Comprenant

Introduction

ce problème crucial, Cabral n'est cependant capable de l'exprimer qu'en termes moraux plutôt que politiques (Cabral, 1979 :136). Le « suicide de classe » de la petite bourgeoisie est rendu possible par son identification aux cultures populaires, en d'autres termes par un « retour aux sources ». Dans le texte ci-dessous, la question est traitée d'une manière plus politique et dialectique, la petite-bourgeoisie étant divisée en trois groupes qui se distinguent par leur relation politique aux masses – le retour aux sources – qui est le déterminant final de leur engagement dans la libération nationale. Ce *Retour aux sources* n'est historiquement (c'est-à-dire politiquement) important que « s'il implique un engagement authentique dans la lutte pour l'indépendance ainsi qu'une identification totale et définitive avec les aspirations des masses populaires ». En conséquence, la petite-bourgeoisie est divisée entre :

a) une minorité qui, même si elle souhaite la fin de la domination étrangère, s'accroche à la classe coloniale dominante et s'oppose ouvertement au mouvement afin de défendre sa position sociale ;
b) une majorité d'éléments hésitants ou indécis ;
c) une autre minorité dont les éléments participent à la création et à la direction du mouvement de libération.

Il s'ensuit donc pour Cabral que « la culture n'est décidément pas une arme ou une méthode de mobilisation de groupe contre la domination étrangère. Elle est bien plus que cela ». En même temps, Cabral veut aider à créer une nouvelle identité nationale à partir des différentes cultures africaines, qui dépasse les identités ethniques locales du peuple que le colonialisme utilise pour diviser et régir. La résistance armée doit être considérée comme un prolongement de la résistance populaire contre le colonialisme, et en même temps comme une affirmation de la dignité du peuple en tant qu'Africain et membre à part entière de l'humanité.

> Une action réciproque se développe entre la culture et la lutte. La culture, fondement et source d'inspiration de la lutte, commence à être influencée par celle-ci et cette influence se reflète de façon plus ou moins évidente dans l'évolution du comportement des catégories sociales et des individus, ainsi que dans le déroulement de la lutte elle-même. Tant les dirigeants du mouvement de libération, pour la plupart originaires des centres urbains (petite-bourgeoisie et travailleurs salariés), que les masses populaires (dont l'écrasante majorité est

Introduction

constituée de paysans) améliorent leur niveau culturel : ils acquièrent un plus grande connaissance des réalités de leur pays, se libèrent des complexes et des préjugés de classe, renversent les bornes de leur univers, détruisent les barrières ethniques, consolident leur conscience politique, s'intègrent plus étroitement à leur pays et au monde, etc.

La compréhension de Cabral selon laquelle l'Etat d'une part, et la petite bourgeoisie qui hérite du pouvoir de l'Etat d'autre part, peuvent être un obstacle à la liberté, implique que sa pensée dialectique détaillée de la politique est capable de pousser une compréhension historiciste à ses limites. On pourrait ainsi suggérer que, même si la pensée de Cabral opère dans une problématique largement historiciste, son immersion dans la pensée de la politique de masse signifie qu'il n'était jamais un prisonnier complet de l'historicisme. En bref, le principal programme politique de Cabral concernant la culture populaire se résume aux préoccupations humanistes suivantes :

> [...] dans la perspective du développement du progrès économique et social du peuple, les objectifs doivent être au moins les suivants : développement d'une culture populaire et de toutes les valeurs culturelles indigènes positives ; développement d'une culture nationale fondée sur l'histoire et les réalisations de la lutte elle-même ; promotion constante de la conscience politique et morale du peuple (de tous les groupes sociaux) ainsi que du patriotisme, de l'esprit de sacrifice et du dévouement à la cause de l'indépendance, de la justice et du progrès ; développement d'une culture technique, technologique et scientifique, compatible avec les exigences du progrès ; développement, sur la base d'une assimilation critique des réalisations de l'homme dans les domaines de l'art, de la science, de la littérature, etc. , d'une culture universelle pour une parfaite intégration dans le monde contemporain, dans les perspectives de son évolution ; promotion constante et généralisée des sentiments d'humanisme, de solidarité, de respect et de dévouement désintéressé envers les êtres humains.

> La réalisation de ces objectifs est en effet possible parce que la lutte armée de libération, dans les conditions concrètes de vie des peuples africains, face au défi impérialiste, est un acte d'insémination à l'histoire – l'expression majeure de notre culture et de notre essence africaine. Au moment de la victoire, elle doit se traduire par un bond en avant significatif de la culture du peuple qui se libère.

Introduction

Si cela ne se produit pas, les efforts et les sacrifices consentis pendant la lutte auront été faits en vain. La lutte n'aura pas atteint son objectif et le peuple aura manqué une occasion de progrès dans le cadre général de l'histoire (Cabral, 1973 : 55-56).

Malheureusement, nous savons aujourd'hui que tous les efforts et les sacrifices consentis pendant la lutte de libération n'ont pas conduit au type de pouvoir populaire que Cabral espérait. Au contraire, nous pouvons dire aujourd'hui très clairement que les peuples d'Afrique sont régis par des États néocoloniaux qui ont abandonné toute tentative d'enraciner leurs institutions parmi les cultures populaires. C'est cette question qui est explicitement abordée par Wamba-dia-Wamba.

2. Wamba-dia-Wamba : le savoir collectif et la dimension prescriptive des proverbes

Il est possible de trouver aujourd'hui, au XXIe siècle, des références semblables au potentiel émancipateur des cultures africaines. Cependant, celles-ci semblent pour la plupart (à de rares exceptions près) dissociées des politiques d'émancipation[5]. La plupart des universitaires ont tendance à penser selon les paramètres des subjectivités étatiques, même lorsqu'ils essayent de prendre des positions critiques à l'égard des paradigmes occidentaux dominants.

Une exception se trouve dans le travail d'Ernest Wamba-dia-Wamba. Pour lui, penser l'émancipation n'est plus tant une question de relation entre le parti et les masses comme c'était le cas pour Cabral. Plutôt que de penser en termes de confrontation avec l'État colonial comme au XXe siècle, il s'agit désormais de penser une politique émancipatrice opposée à l'État néocolonial en tant que tel. La pensée politique doit en conséquence s'élaborer 'à distance' des modes de pensée étatiques, et la pratique doit être conçue en dehors de 'la forme parti' qui apparaît comme une institution de cet État par laquelle des individus accèdent au pouvoir pour leurs intérêts égoïstes. Le potentiel émancipateur des cultures africaines doit donc devenir central dans la pensée et la pratique politiques.

---

5 Une exception en Afrique du Sud est la politique d'Abahlali baseMjondolo, le mouvement des habitants des bidonvilles de Durban, dont la politique est très ancrée dans la culture traditionnelle.

Introduction

Au cœur de cette nouvelle conception de la politique, il y a aussi une sorte de "retour aux sources" qui consiste à retrouver l'importance du *Mbongi* et de la *Palabre*, deux institutions villageoises que Wamba-dia-Wamba considérait comme centrales pour la résolution des contradictions populaires au sein des communautés. En même temps, ces institutions traditionnelles sont importantes pour permettre la création d'une alternative africaine unifiée à la conception occidentale actuellement dominante de la politique et de la démocratie dans le contexte de la République Démocratique du Congo (RDC). Son idée était de mettre en place des réunions fondées sur cette tradition à Kinshasa même, afin d'entamer des discussions entre militants sur ce qui pourrait être nécessaire pour résister au néocolonialisme. La distinction ville-campagne est toujours au centre de la politique de Wamba-dia-Wamba, mais la ville, selon lui, est devenue largement anomique pour avoir absorbé sans critique les conceptions occidentales contre lesquelles Cabral lui-même avait mis en garde.

Le problème : la crise africaine

Le problème politique central qui surdétermine tous les autres pour Wamba-dia-Wamba est l'État néocolonial en Afrique, lequel a été historiquement simplement greffé sur l'État colonial au moment de l'indépendance. Il nous dit que « l'État [...] ne s'est pas développé organiquement avec le corps social africain, enraciné et imprégné des traditions et des cultures africaines ».

> Même les partis politiques sont des greffes des maîtres colonialistes qui n'émergent pas organiquement du corps social de la société africaine. Comme en médecine, le corps social tend à rejeter ces greffes. Les caractéristiques grossières de la vie politique africaine s'expliquent sur cette base. C'est là aussi la racine de la crise de l'État africain. Il faut aussi y ajouter l'impact sur la psychologie (individuelle et sociale) et sur la mentalité des Africains de la traite négrière, le colonialisme et le racisme.

L'État doit être restructuré, insiste-t-il, afin qu'il entretienne une relation saine avec les traditions, les cultures et les langues des peuples africains. Il est nécessaire d'avoir une élite organiquement liée à la communauté de la campagne, ainsi qu'à la communauté urbaine, et non une élite autoproclamée communautaire représentant la campagne pour les intérêts de ses membres individuels. Il est absolument crucial de reconnaître que « les traditions culturelles sont des prescriptions pour une sortie possible de l'intérieur des

Introduction

situations. Lorsque les gens ne sont plus interpellés par de telles prescriptions, le choix au sein des situations disparaît et l'horizon de la liberté se rétrécit, voire se ferme complètement ». En l'absence de telles prescriptions basées sur des formules endogènes, l'État colonial, qui n'a perduré que sous une forme légèrement modifiée après l'indépendance, a occasionné

> une rupture entre une rationalité communautaire et une rationalité de calcul capitaliste. Au lieu de chercher une synthèse et une continuité entre le passé, le présent et le futur, on avait fait une table rase. La discontinuité entre le passé et le présent a créé une situation psychiatrique caractéristique de la mentalité urbaine qui cherche consciemment ou inconsciemment à annihiler le passé qu'entretiennent la culture rurale et la population rurale.

Ce problème de discontinuité entre la culture paysanne traditionnelle et la culture urbaine est fondamentalement typique de la modernité occidentale, de sorte que l'incapacité à développer une synthèse entre les deux est à l'origine de ce qui est vécu comme une absence de sens et de profondeur dans la culture occidentale moderne et la personnalité qui l'accompagne. En conséquence, nous assistons à la « primauté ontologique de l'individu sur la société, qui réduit cette dernière à une réunion ou un contrat entre des individus isolés ». Les conséquences pour la société africaine de l'imposition de ce type de forme d'État au peuple colonisé et de la greffe ultérieure de l'État postcolonial directement sur celui-ci ont été néfastes.

> Le sens profond de la dictature en Afrique, c'est le fait d'imposer cette greffe sur toute la société, par des moyens qui visent à la destruction violente et vicieuse de la culture et des traditions paysannes [...] Les trois refus africains s'expliquent sur cette base : le refus de penser pour soi-même, le refus de prendre au sérieux tout son passé et le refus de voir les choses dans une perspective de long terme. On parle avec des discours d'emprunt, parfois sans en être conscients.

La solution : le Mbongi *et la* Palabre

Traditionnellement dans les villages *Kongo*, le *Mbongi* (aussi appelé *Boko* ou *Yemba*) est un site autour d'un feu où les expériences quotidiennes sont échangées.[6] Dominé par les hommes mais pas exclusivement, « le difficile travail

---

6 L'information détaillée qui suit sur le *Mbongi* et la *Palabre* peut être trouvée dans

Introduction

intellectuel de maîtrise des luttes communautaires est entrepris sur ce site ». C'est l'organe fondamental de délibération et de direction de la communauté. Lorsque les expériences sont échangées, il est souvent fait référence au savoir collectif qui est exprimé comme ce que les ancêtres ont dit et prend la forme de proverbes a charactère métaphorique. Bien sûr, des personnes différentes peuvent sse référer à des proverbes différents que les ancêtres ont exprimés, mais comme « il n'y a pas de querelle sur le caractère de la personne qui cite les ancêtres parce que ce qui est important est la vérité de la déclaration, pas la source ou la personne qui la prononce ; et parce que nous ne sommes pas concernés par la subjectivité de la personne, nous pouvons la relier aux ancêtres parce que nous acceptons tous les déclarations des ancêtres » (Wamba-dia-Wamba, 2022 : 32).

Pour Wamba-dia-Wamba, les proverbes sont des prescriptions politiques qui affirment l'unité de la communauté et sa primauté ontologique sur l'être individuel, tout en assurant la reproduction de la communauté elle-même. Sur le plan ontologique, il y a d'abord la multiplicité de la communauté, d'où il découle qu'il n'existe pas d'individu isolé. Tout individu existe en tant que produit de la communauté dont il fait partie. La multiplicité collective existe donc avant tout individu[7]. De ce fait, la connaissance est vécue comme produite collectivement dans des circonstances particulières distinctes. Le fait que l'on puisse dire « les ancêtres ont dit ceci ou cela » est dû au fait que l'on part de traditions qui se sont accumulées au fil du temps. Il s'ensuit qu' « avant de pouvoir dire le nouveau, il faut énoncer l'ancien », c'est-à-dire ce qui est dit en référence aux proverbes émanant des ancêtres (ibid.). Si un problème majeur se pose, par exemple si quelqu'un a été surpris en train de faire quelque chose d'inacceptable, alors le problème est porté à la palabre. Il en va de même pour toutes les contradictions communautaires non antagonistes, c'est-à-dire les différences entre les membres de la communauté qui peuvent menacer la communauté elle-même, ainsi que les conflits potentiellement antagonistes, que ce soit au sein de la communauté ou avec d'autres communautés. La palabre est alors une réunion de l'ensemble de la communauté convoquée pour aborder et résoudre un problème particulier.

Wamba-dia-Wamba (2022).
7 La primauté ontologique du multiple par rapport à l'un, qui est ici exposée dans sa variante africaine, acquiert, dans un contexte différent, une énonciation philosophique et mathématique détaillée dans Alain Badiou (1988). Le lecteur attentif remarquera l'influence des formules de Badiou sur les arguments de Wamba-dia-Wamba à plusieurs endroits ci-dessous.

Introduction

Le processus de la palabre est très complexe et nécessairement ainsi, car il s'agit d'une procédure visant à établir la vérité. Il nécessite des personnes dotées de compétentes spécifiques pour le guider. Ce sont les Nzonzi :

> Pour orienter un tel processus, il y a des *Nzonzi*, spécialistes ou élite pour la communauté—sages, dialecticiens (témoins de la compossibilité des vérités communautaires et détecteurs de la mauvaise parole, du mauvais regard, etc.), avocats, guérisseurs, masseurs communautaires, 'refroidisseurs' du lien communautaire en tension, rhéteurs ou maîtres de l'art oratoire etc. [...] La palabre est non seulement le lieu des processus politiques qui traitent des matières de la politique, c'est-à-dire du règlement des rapports communautaires, mais, aussi est-elle un lieu de pensée participative, en tant que la pensée est rapport du réel qu'exige la palabre.

En d'autres termes, la palabre est structurée par des règles que les *Kinzonzi* administrent, et les proverbes sont cités afin de clarifier les questions et de maintenir une 'éthique de la vérité'. À propos d'un penseur similaire chez les *Agikuyu*, Ngugi wa Thiong'o remarque que « sa sagesse se manifestait dans sa façon de gérer les mots. Il ne s'agissait pas de sophisme, mais de régler les questions et les problèmes de manière à ce que la justice soit rendue et perçue comme telle » (wa Thiong'o, 1996 : 17). La palabre pour Wamba-dia-Wamba constitue un nouveau lieu politique collectif où les contradictions entre les gens sont résolues à la satisfaction de tous. La palabre ne vise pas à établir un consensus entre différentes opinions. Elle est bien plus que cela car sa préoccupation fondamentale est d'établir la vérité de la situation, à travers un processus collectif auquel tous doivent participer sans crainte et parler en leur nom propre. Ce processus s'accompagne de discours, de chansons, de poèmes, de gestes corporels, d'expressions théâtrales et de la division des parties en 'commissions' au sein desquelles tous (même les enfants) sont encouragés à participer. L'appel égalitaire suivant était souvent récité dans les villages Kongo avant le début d'une palabre :

> *Mu kanda ka mukadi mputu*
> *Mu kanda ka mukadi mvwama*
> *Mu kanda ka mukadi mfumu*
> *Mu kanda ka mukadi nnanga*

Introduction

Babo mfumu na mfumu
Babo nganga na nganga
Mu kanda, sekila kumosi
Mu kanda, sikamana kumosi
Mu kanda mbeni ku mbasi
Mu kanda kinenga ye dedede
Mu kanda, kingenga/kimpambudi mwanana

Dans le Clan, il ne doit pas y avoir de pauvres
Dans le Clan, il ne doit pas y avoir de riches
Dans le Clan, il ne doit pas y avoir de chef
Dans le Clan, il ne doit pas y avoir d'esclaves.
Ils doivent être tous chefs
Ils doivent être tous des philosophes
Dans le Clan, tous doivent dormir ensemble
Dans le Clan, tous doivent se réveiller ensemble
Dans le Clan, il ne doit pas y avoir d'ennemis
Dans le Clan, il ne doit y avoir que l'équilibre et la justice.
Dans le Clan, il ne doit pas y avoir d'individualisme
(Wamba-dia-Wamba, 1985)[8].

La rhétorique est appréciée, mais elle ne l'est pas pour elle-même. La palabre est une institution démocratique mais pas parce qu'elle permet de procéder à des sophismes par le biais de la rhétorique ; elle est soucieuse d'établir la vérité de la situation. Toutes les déclarations n'ont pas la même valeur et beaucoup sont fausses, et certaines actions sont même considérées comme mauvaises, comme l'accumulation individuelle aux dépens de la communauté ou la non-représentation exacte de la communauté. Pour le dire de manière plus métaphorique : « une seule bouche est une calebasse vide ». Il n'y a pas de forme imposée a priori à une palabre. Le caractère du conflit abordé détermine la forme concrète que prend la palabre. Ce ne sont pas les individus qui sont jugés isolément, car tout individu ne commet pas un crime mais « porte un crime » : le crime a ses racines dans le fonctionnement de la communauté. Les deux doivent être corrigés, les deux doivent être guéris. Enfin, Wamba-dia-Wamba insiste sur le fait que les deux valeurs les plus importantes

---

8 Les versions en kiKongo et en anglais se trouvent dans Ohta, Itaru et Nyamnjoh, Francis B. (ed.). 2022. *African Potentials: Bricolage, Incompleteness and Lifeness*. African Books Collective, p.66.

Introduction

défendues par le *Mbongi* et la *Palabre* et qui guident finalement ses délibérations sont le caractère sacré des terres ancestrales et la souveraineté de toute vie humaine.

Wamba-dia-Wamba conclut en observant que « l'État greffe, sans enracinement culturel, ne peut que s'imposer par la force », tout comme l'État colonial. Ainsi, son argument rappelle l'idée de Cabral du « retour aux sources ». Le problème cependant est que, comme le reconnaît Wamba-dia-Wamba, le *Mbongi* et la *palabre* tombent en désuétude en RDC alors que l'enrichissement individuel et les divisions de classe font leur chemin dans la communauté villageoise collective et que les gens se battent pour les postes offerts par l'État. Pour tout processus de renouvellement, il faut des *Kinzonzi* qui comprennent la tradition et la nécessité de l'adapter pour le bien commun. Toutes les personnes doivent participer à la transformation des relations sociales dans la société en reconnaissant l'importance de l'ancien pour établir le nouveau. Le renouveau de la politique en tant que 'pensée-pratique' collective doit être fondé sur les pratiques culturelles populaires afin de guérir la société et de produire collectivement de nouvelles connaissances, de nouvelles vérités à partir desquelles l'action politique populaire peut être informée et informer les autres. Ce sont donc les pratiques culturelles, et en particulier les potentiels inhérents aux proverbes, qui guident le processus politique collectif de résolution des différences et de guérison.

Bien sûr, pour commencer à penser politiquement à la transformation de l'État néocolonial, qui n'est qu'une greffe occidentale sur une fondation coloniale, il faut insister sur le passage à une compréhension culturelle africaine. Mais cette compréhension ne peut pas être une compréhension fallacieuse créée par le pouvoir sur le modèle de l'*Authenticité* de Mobutu.

Au contraire, ce qu'il faut, c'est précisément se tourner vers la culture populaire de masse, source des traditions africaines, du moins dans la mesure où elle n'a pas été falsifiée elle-même. C'est un processus de redécouverte qui exige un véritable engagement politique. Il s'agit en quelque sorte, comme l'a dit Cabral, d'un véritable retour aux sources, non pas comme un retour au passé, mais comme une façon de renouer avec l'ancien pour construire le nouveau. Les traditions populaires sont alors utilisées comme sources de connaissance pour guider et permettre la découverte des vérités actuelles. C'est une manière d'affirmer que des vérités universelles peuvent être produites collectivement en comprenant qu'un processus dialectique ancré dans les traditions cultur-

Introduction

elles peut aider à révéler l'universalité de l'humain. Comme le conclut Wamba-dia-Wamba, tout cela revient à mettre en pratique l'idée selon laquelle les *gens pensent*.

Conclusion

Les difficultés rencontrées par les conceptions essentialistes de la culture ethnique créée par les intérêts dominants sont bien établies. Le 'tribalisme' était considéré comme la malédiction de l'État africain postcolonial, en particulier par les dirigeants qui tentaient de s'engager dans une forme de 'construction de la nation'. Il est bien sûr connu que le pouvoir étatique, depuis la domination coloniale, a systématiquement créé ou modifié les cultures ethniques dans son intérêt. Dans la plupart des cas, il s'agissait d'accroître le pouvoir des 'autorités traditionnelles' sur leurs sujets lorsqu'elles existaient et de les créer lorsqu'elles n'existaient pas. Cela signifiait également le développement, de diverses manières, d'une culture qui renforçait et éternisait les ethnies en tant qu'entités fixes à partir desquelles les débats populaires et, par conséquent, les changements conçus par la population n'étaient pas simplement découragés, mais souvent complètement supprimés. La création et la manipulation de 'tribus' est l'aspect le plus connu de ce processus[9]. Dans le même temps, les pratiques culturelles populaires n'ont pas disparu, sans doute parce que la portée de l'État – légale, coercitive et sociale – et les intérêts autoritaires correspondants des groupes ethniques dominants, n'ont jamais été totaux.

La 'résurrection' de la pensée populaire apparaît par intervalles, en particulier pendant les périodes de soulèvement et de résistance populaires, lorsque l'épistémologie culturelle est mise à contribution pour permettre précisément le type d'unité nécessaire pour soutenir les mouvements populaires et les rébellions. De plus, en utilisant le langage associé à Gayatri Spivak (1988), on peut affirmer que le subalterne en Afrique ne peut pas être entendu, non pas parce qu'il/elle ne parle pas, mais fondamentalement parce que cette parole n'est pas individualiste. Les individus du continent qui sont entendus, y compris de nombreux universitaires, ne sont pas des subalternes ; pour la plupart, ils relaient la cacophonie du pouvoir. Ce sont les personnes que Ngugi wa Thiong'o appelle les « interprètes » de l'Afrique dans les langues européennes et, pourrait-on

---

9 La littérature à ce propos est abondante mais on pourra lire entre autres L. Vail (1989), M. Mamdani (1996) et M. Neocosmos (2016).

Introduction

ajouter, dans des discours plus larges. La plupart de ces intellectuels « ne font qu'un avec les États mêmes dont ils peuvent critiquer les actions » (wa Thiongo, 1966 : 16). D'un autre côté, le subalterne, du moins en milieu rural, a été dans sa grande majorité une collectivité, ce qui lui a permis de se constituer plus facilement en tant que sujet politique, mais ignoré et réprimé par le pouvoir étatique.

Cabral et Wamba-dia-Wamba se réfèrent tous deux à des situations dans lesquelles les cultures et les débats populaires jouissaient d'une grande autonomie par rapport au pouvoir de l'État. La sous-estimation ou l'incapacité de Cabral à gérer adéquatement les contradictions ethniques au sein du PAIGC a sans doute conduit à son assassinat[10]. Pour Ernest Wamba-dia-Wamba, le sujet de la connaissance dans la pensée politique africaine est collectif et pas simplement individuel. Pourtant, en même temps, une telle pensée collective est loin de la simple convivialité des opinions (qui n'encourage finalement que le sophisme) car elle est un processus du devenir de la vérité de la situation établie par l'activation des potentiels égalitaires et émancipateurs. Ces potentiels tels qu'exprimés par les proverbes doivent être activés collectivement afin de surmonter les contradictions populaires – la première étape politique pour atteindre l'unité d'objectif – car ils existent principalement sous une forme latente dans la culture. Leur potentiel émancipateur n'est pas toujours évident. Ce qui tend à être apparent, c'est plutôt leur dimension morale. Mais une politique émancipatrice, bien que fondée sur la moralité, la dépasse parce qu'elle s'attache à transformer la société par une pratique de pensée collective qui construit des vérités politiques par la discussion et le débat. Et elle le fait dans un présent informé par les expériences accumulées et les expérimentations émancipatrices de nos ancêtres – d'où la pertinence centrale des proverbes. C'est pourquoi les concepts du passé doivent, par le biais d'une activation pratique collective, recevoir une nouvelle signification dans le présent, de sorte qu'ils deviennent pleinement actuels, et n'existent pas simplement aujourd'hui comme des vestiges et des pièces de musée à idéaliser par un revivalisme ethnique construit. C'est de cette manière qu'une nouvelle dialectique émancipatrice peut voir le jour.

---

10 Voir António Tomás (2021) qui évoque les principales divisions ethno-nationales au sein du mouvement de libération de la Guinée et sa difficulté à produire une unité nationale, notamment entre Capverdiens et Guinéens. L'universalisme de la pensée de Cabral était, semble-t-il, toujours contesté au sein de son mouvement.

Introduction

Références

Badiou, A. (2005) *L'Être et l'évenement*, Paris: Seuil.

Cabral, A. (1973) *Return to the Source*, New York: Monthly Review Press. Le Retour aux sources

Cabral, A. (1979) *Unity and Struggle, Speeches and Writings*, New York: Monthly Review Press

Gordon, L. (2008) *Introduction to Africana Philosophy*, Cambridge University Press

Mamdani, M. (1996) *Citizen and Subject*, Oxford: James Currey.

Neocosmos, M. (2016a) "The Politics of National Emancipation in Africa: subversive thought in Cabral's Resistance and Decolonization", *Theory and Event*, Special Issue 19.4. October.

Neocosmos, M. (2016b) *Thinking Freedom in Africa*, Jo'burg: Wits University Press.

Sekyi-Otu, A. (2018) *Left Universalism, Africacentric essays*, London: Routledge

Spivak, G. C. (1988) 'Can the Subaltern speak?' in C. Nelson and L. Grossberg (eds) *Marxism and the Interpretation of Culture*, Urbana: Illinois.

Tomás, A. (2021) *Amílcar Cabral: the life of a reluctant nationalist*, London: Hurst and Co.

Vail, L. (ed.) (1989) *The Creation of Tradition in Southern Africa*, London: James Currey.

Wamba-dia-Wamba, E. (1985) "Experiences of Democracy in Africa: Reflections on Practices of Communalist Palaver as a Social Method of Resolving Contradictions among the People", *Philosophy and Social Action* XI (3).

Wamba-dia-Wamba, E. (forthcoming) *The Thought and Practice of an Emancipatory Politics for Africa* Johannesburg: *Tricontinental Institute of Social Research*.

Wa Thiong'o, N. (1996) 'The Allegory of the Cave: Language, Democracy and a New World Order!' Clarendon Lectures III, Oxford May15, *Black Renaissance*, Vol1, No.3.

Le rôle de la culture dans la lutte pour l'indépendance

Amílcar Cabral

Unesco, Paris, 3-7 juillet 1972

Seul le désir conscient de répondre à l'aimable invitation de l'UNESCO et une profonde conviction de l'importance du thème qui nous a été proposé ont permis l'élaboration de ce modeste travail à un moment où nos obligations, dans le cadre de la difficile lutte de libération de notre peuple, exigent que nous consacrions exclusivement notre temps à l'étude et à la solution des problèmes nationaux.

Au lieu d'exploiter exhaustivement les différents points proposés pour la discussion, nous avons préféré centrer notre attention sur l'importance du rôle de la culture dans le mouvement de pré-indépendance ou de libération. Ne disposant évidemment pas d'assez de temps pour puiser à des sources – livres et documents – qui nous auraient sans doute permis de mieux fonder et d'enrichir le contenu de ce texte, nous nous sommes pratiquement limités à y présenter le fruit de notre expérience et les observations que nous avons recueillies tant dans le cadre de notre propre lutte qu'en étudiant d'autres luttes contre la domination impérialiste. Dans la partie concernant spécifiquement le rôle de la culture dans le mouvement de libération, nous avons repris et développé quelques-unes des idées et des considérations contenues dans la Conférence que nous avons faite, en Février 1970, à l'Université de Syracuse (EUA), sur le thème "Libération Nationale et Culture".

Les conditions dans lesquelles ce travail a été écrit, alliées aux limitations de nos connaissances, font qu'il présente des déficiences que la générosité du lecteur saura sinon excuser, du moins comprendre. Néanmoins, si nous réussissons à le convaincre de l'importance décisive de la culture dans le développement du mouvement de libération, ou à renforcer sa conviction, ce travail n'aura pas été inutile.

Amílcar Cabral

Introduction

La lutte des peuples pour la libération nationale et pour l'indépendance, contre la domination impérialiste, est devenue une force immense de progrès pour l'humanité et constitue, sans aucun doute, l'un des traits essentiels de l'histoire de notre temps.

Une analyse objective de l'impérialisme, en tant que *fait* ou *phénomène* historique "naturel", voire "nécessaire" dans le cadre du type d'évolution économico-politique d'une partie importante de l'humanité, révèle que la domination impérialiste, avec tout son cortège de misères, de pillages, de crimes et de destruction de valeurs humaines et culturelles, ne fut pas qu'une réalité négative. L'immense accumulation du capital dans une demi-douzaine de pays de l'hémisphère Nord, comme résultat de la piraterie, de la mise à sac des biens d'autres peuples et de l'exploitation effrénée du travail de ces peuples, n'engendra pas que le monopole des colonies, le partage du monde et la domination impérialiste.

Dans les pays riches, le capital impérialiste, toujours à la recherche de la plus-value, accrut la capacité créatrice de l'homme, opéra une profonde transformation des moyens de production grâce aux progrès accélérés de la science, de ln technique et de la technologie, accentua la socialisation du travail et permit l'ascension de vastes couches de la population. Dans les pays colonisés, où la colonisation bloqua, en général, le processus historique du développement des peuples dominés quand elle ne procéda pas à leur élimination radicale ou progressive, le capital impérialiste imposa de nouveaux types de rapports au sein de la société autochtone, dont la structure devint plus complexe, et il suscita, fomenta, envenima ou résolut dos contradictions et des conflits sociaux; il introduisit, avec le cycle de la monnaie et le développement du marché intérieur et extérieur, de nouveaux éléments dans l'économie; il amena la naissance de nouvelles nations à partir de groupes humains ou de peuples se trouvant à des stades divers de développement historique.

Ce n'est pas défendre la domination impérialiste que de reconnaître qu'elle donna de nouveaux mondes au monde, dont elle réduisit les dimensions, qu'elle révéla de nouvelles phases de développement des sociétés humaines et, en dépit ou en raison des préjugés, des discriminations et des crimes auxquels elle donna lieu, contribua à donner une connaissance plus profonde de l'humanité, comme un tout en mouvement, comme une unité dans la diversité complexe des caractéristiques de son développement.

Amílcar Cabral

La domination impérialiste sur divers continents favorisa une confrontation multilatérale et progressive (parfois abrupte) non seulement entre différents hommes mais encore entre différentes sociétés. La pratique de la domination impérialiste – son affirmation ou sa négation – exigea (et exige encore) la connaissance plus ou moins correcte de l'objet dominé et de la réalité historique (économique, sociale et culturelle) au sein de laquelle il se meut, cette connaissance s'exprimant nécessairement en termes de comparaison avec le sujet dominateur et avec sa propre réalité historique. Une telle connaissance est une nécessité impérieuse de la pratique de la domination impérialiste, qui résulte de la confrontation, en général violente, de deux identités distinctes dans leur contenu historique et antagonistes dans leurs fonctions. La recherche d'une telle connaissance contribua à un enrichissement général des sciences humaines et sociales, malgré son caractère unilatéral, subjectif et très souvent injuste.

En réalité, jamais l'homme ne s'intéressa autant à la connaissance d'autres hommes et d'autres sociétés qu'au cours de ce siècle de domination impérialiste. Une quantité sans précédent d'informations, d'hypothèses et de théories s'est ainsi accumulée, notamment dans les domaines de l'histoire, de l'ethnologie, de l'ethnographie, et de la sociologie et de la culture, relatives aux peuples ou aux groupes humains soumis à la domination impérialiste. Les concepts de race, de caste, d'ethnie, de tribu, de nation, de culture, d'identité, de dignité, et tant d'autres encore, sont devenus l'objet d'une attention croissante de la part de ceux qui étudient l'homme et les sociétés dites "primitives" ou "en évolution".

Plus récemment, avec l'essor des mouvements de libération, la nécessité est apparue d'analyser les caractéristiques de ces sociétés en fonction de la lutte menée et, de déterminer les facteurs qui déclenchent ou freinent cette lutte. Les chercheurs tombent en général d'accord que, dans ce contexte, la culture revêt une importance particulière. L'on peut donc admettre que toute tentative visant à éclairer le vrai rôle de la culture dans le développement du mouvement de libération (pré-indépendance) peut être une contribution utile à la lutte générale des peuples contre la domination impérialiste.

Amílcar Cabral

PARTIE I

Le fait que les mouvements d'indépendance sont en général marqués, même dans leur phase initiale, par un essor des manifestations à caractère culturel, a fait admettre que ces mouvements sont précédés d'une "renaissance culturelle" du peuple dominé. L'on va même plus loin, en admettrait que la culture est une méthode de mobilisation de groupe, voire une arme dans la lutte pour l'indépendance.

A partir de l'expérience de notre propre lutte et, l'on pourrait dire, de l'Afrique toute entière, nous estimons qu'il s'agit là d'une conception trop limitée, sinon erronée, du rôle primordial de la culture dans le développement du mouvement de libération. Elle découle, pensons-nous, d'une généralisation incorrecte d'un phénomène réel mais restreint, se situant à un niveau donné de la structure verticale des sociétés colonisées – au niveau des *élites* ou des *diasporas* coloniales. Généralisation qui ignore ou néglige cette donnée essentielle du problème: le caractère indestructible de la résistance culturelle des masses populaires face à la domination étrangère.

Certes, la pratique de la domination impérialiste exige l'oppression culturelle et la tentative de liquidation, directe ou indirecte, des données essentielles de la culture du peuple dominé. Mais ce dernier n'est à même de créer et de développer le mouvement de libération que parce qu'il garde vive sa culture en dépit de la répression permanente et organisée de sa vie culturelle, parce que, sa résistance politico-militaire étant anéantie, il continue à résister culturellement. Et c'est la résistance culturelle qui, à un moment donné, peut prendre de nouvelles formes (politique, économique, armée) pour contester la domination étrangère.

À certaines exceptions près, le temps de la colonisation ne fut pas suffisant pour permettre, tout au moins en Afrique, une destruction ou une dépréciation significative des éléments essentiels de la culture et des traditions du peuple colonisé. L'expérience coloniale de la domination impérialiste en Afrique révèle que (le génocide, la ségrégation raciale et l'"apartheid" exceptés) la seule solution prétendument positive trouvée par la puissance coloniale pour nier la résistance culturelle du peuple colonisé est "*l'assimilation*". Mais l'échec total de la politique d'"assimilation progressive" des populations natives est la preuve évidente aussi bien de la fausseté de cette théorie que de la capacité de résistance des peuples dominés.[1]

---

1 En ce qui concerne les colonies portugaises, le pourcentage maximum d'assimilés y est

Amílcar Cabral

D'autre part, même dans les colonies de peuplement, où l'écrasante majorité de la population reste composée d'autochtones, l'aire d'occupation coloniale, et particulièrement d'*occupation culturelle*, est en général réduite à des zones côtières et à quelques zones restreintes à l'intérieur. L'influence de la culture de la puissance coloniale est presque nulle au-delà des limites de la capitale et d'autres centres urbains. Elle n'est ressentie de façon significative que dans la verticale de la pyramide sociale coloniale – celle que créa le colonialisme lui-même – et s'exerce spécialement ce que l'on peut appeler la "petite bourgeoisie autochtone" et sur un nombre très réduit de travailleurs des centres urbains.

L'on constate donc que les grandes masses rurales, de même qu'une fraction importante de la population urbaine, soit au total plus de 99% de la population indigène, demeurent à l'écart, ou presque, de toute influence culturelle de la puissance coloniale. Cette situation découle, d'une part, du caractère nécessairement obscurantiste de la domination impérialiste qui, tout en méprisant et en réprimant la culture du peuple dominé, n'a aucun intérêt à promouvoir l'acculturation des nasses populaires, source de main-d'œuvre pour les travaux forcés et objet principal d'exploitation; d'autre part, de l'efficacité de la résistance culturelle de ces mêmes masses qui, soumises à la domination politique et à l'exploitation économique, retrouvent dans leur propre culture le seul rempart à même de préserver leur identité. Cette défense du patrimoine culturel est encore renforcée, dans les cas où la société autochtone a une structure verticale, par l'intérêt qu'a la puissance coloniale de protéger et de renforcer l'influence culturelle des classes dominantes, ses alliées.

Ce qui précède implique que, non seulement pour les masses populaires du pays dominé, mais aussi pour les classes dominantes autochtones (chefs traditionnels, familles nobles, autorités religieuses), il n'y n pas, en général, destruction ou dépréciation significative de la culture et des traditions. Réprimée, persécutée, humiliée, trahie par un certain nombre de catégories sociales compromises avec l'étranger, réfugiée dans les villages, dans les forêts et dans l'esprit des victimes de la domination, la culture survit à toutes les tempêtes, pour reprendre, grâce aux luttes de libération, toute sa faculté d'épanouissement. Voilà pourquoi le problème d'un "retour aux sources" ou d'une "renaissance culturelle" ne se pose pas ni ne saurait se poser pour les

---

de 0,3% de la population totale (en Guinée), après 500 ans de présence civilisatrice et un demi-siècle de "paix colonial".

masses populaires : car elles sont porteuses de culture, elles sont la source de la culture et, en même temps, la seule entité vraiment capable de préserver et de créer la culture, de *faire l'histoire*.

Pour une appréciation correcte du vrai rôle de la culture du mouvement de libération, il faut donc, au moins en Afrique, faire la distinction entre la situation des masses populaires, qui préservent leur cultures, et celle des catégories sociales plus ou moins assimilées, déracinées, culturellement aliénées. Les élites coloniales autochtones, par le processus de colonisation, même à elles sont porteuses d'un certain nombre d'éléments culturels propres à la société autochtone, vivent matériellement et spirituellement la culture de l'étranger colonialiste, auquel elles cherchent à s'identifier progressivement, et dans le comportement social et dans l'appréciation même des valeurs culturelles indigènes.

À travers deux ou trois générations au moins de colonisés, il se forme une couche sociale constituée de fonctionnaires d'État et d'employés des diverses branches de l'économie (notamment du commerce) ainsi que de membres des professions libérales et de quelques propriétaires urbains et agricoles. Cette petite bourgeoisie autochtone, forgée par la domination étrangère et indispensable au système d'exploitation coloniale, se situe entre les masses populaires travailleuses de la campagne et des centres urbains et la minorité de représentants locaux de la classe dominante étrangère. Bien qu'elle puisse avoir des rapports plus ou moins développés avec les masses populaires ou avec les chefs traditionnels, elle aspire en général à un train de vie semblable sinon identique à celui de la minorité étrangère; simultanément, alors qu'elle limite ses rapports avec les masses, elle essaie de s'intégrer à cette minorité, bien souvent au détriment des liens familiaux ou ethniques et toujours aux dépens des individus. Mais elle n'arrive pas, quelles que soient les exceptions apparentes, à franchir les barrières imposées par le système: elle est prisonnière des contradictions de la réalité culturelle et sociale où elle vit, car elle ne peut pas fuir, dans la paix coloniale, sa condition de classe *marginale* ou "marginalisé". Cette "marginalité" constitue, aussi bien in loco qu'au sein des diasporas implantées dans la métropole colonialiste, le drame socio-culturel des élites coloniales ou de la petite bourgeoisie indigène, vécu plus ou moins intensément selon les circonstances matérielles et le niveau d'acculturation, mais toujours sur le plan individuel, non collectif.

C'est dans le cadre de ce drame quotidien, sur la toile de fond de la confrontation généralement violente entre les masses populaires et la classe coloniale dominante, que surgit et se développe chez la petite bourgeoisie indigène un sentiment d'amertume ou un *complexe de frustration* et, parallèlement, un besoin pressant, dont elle prend peu à peu conscience, de contester sa marginalité et de se découvrir une *identité*. Elle se tourne donc vers l'autre pôle du conflit socio-culturel au sein duquel elle vit – les masses populaires natives. D'où le "retour aux sources" qui semble d'autant plus impérieux que l'isolement de la petite bourgeoisie (ou des élites natives) est grand, et que son sentiment ou son complexe de frustration est aigu, comme c'est le cas pour les diasporas africaines implantées dans les métropoles colonialistes ou racistes. Ce n'est donc pas par hasard que des théories ou des "mouvements" tels que le *panafricanisme* et la *négritude* (deux expressions pertinentes – fondées principalement sur le postulat de l'identité culturelle de tous les Africains noirs) furent conçus hors de l'Afrique noire. Plus récemment, la revendication par les Noirs américains, d'une identité africaine, est une autre manifestation, peut-être désespérée, de ce besoin de "retour aux sources", quoique nettement influencée par une réalité nouvelle – la conquête de l'indépendance politique par la grande majorité des peuples africains.

Mais le "retour aux sources" n'est ni ne peut être en lui-même un acte de lutte contre la domination étrangère (colonialiste et raciste) et elle ne signifie pas non plus nécessairement un retour aux traditions. C'est la négation, par la petite bourgeoisie indigène, de la prétendue suprématie de la culture de la puissance dominatrice sur celle du peuple dominé avec lequel elle a besoin de s'identifier. Le "retour aux sources" n'est donc pas une démarche volontaire, mais la seule réponse viable à la sollicitation impérieuse d'une nécessité concrète, historique, déterminée par la contradiction irréductible qui oppose la société colonisée à la puissance coloniale, les masses populaires exploitées à la classe étrangère exploitante, contradiction par rapport à laquelle chaque couche sociale ou classe indigène est obligée de définir sa position.

Lorsque le "retour aux sources" dépasse le cadre individuel pour s'exprimer à travers des "groupes" ou des "mouvements", cette contradiction se transforme en conflit (voilé ou ouvert), prélude du mouvement de pré-indépendance ou de lutte pour la libération du joug étranger. Ainsi, le "retour aux sources" n'est historiquement conséquent que s'il implique non seulement un engagement réel dans la lutte pour l'indépendance, mais encore une identification totale et définitive avec les aspirations des masses populaires, qui ne contestent pas seulement la culture de l'étranger, mais aussi, globalement, la domination étrangère. Sinon, le "retour aux sources" n'est autre chose qu'une solution visant à obtenir des avantages temporaires, une forme, consciente ou inconsciente, d'opportunisme politique.

Il faut remarquer que le "retour aux sources", qu'il soit apparent ou réel, ne se produit pas de façon simultanée et uniforme au sein de la petite bourgeoisie autochtone. C'est un processus lent, discontinu et inégal, dont le développement dépend du degré d'acculturation de chaque individu, de ses conditions matérielles d'existence, de sa formation idéologique et de en propre histoire en tant qu'être social. Cette inégalité est à la base de la scission de la petite bourgeoisie indigène en trois groupes, face au mouvement de libération: a) une minorité qui, même si elle souhaite la fin de la domination étrangère, s'accroche à la classe coloniale dominante et s'oppose ouvertement à ce mouvement, pour défendre sa sécurité sociale; b) une majorité d'éléments hésitants ou indécis; c) une autre minorité dont les éléments participent à la création et à la direction du mouvement de libération.

Mais ce dernier groupe, qui joue un rôle décisif dans le développement du mouvement de pré-indépendance, ne parvient vraiment à s'identifier avec les masses populaires (avec leur culture et leurs aspirations) qu'à travers la lutte, le degré de cette identification dépendant de la force ou des formes de la lutte; du contenu idéologique du mouvement et du niveau de conscience morale et politique de chaque individu.

PARTIE II

L'identification d'une partie de la petite bourgeoisie autochtone avec les masses populaires présuppose une condition essentielle : *que, contre l'action destructive de la domination impérialiste, les masses populaires préservent leur identité*, différente et distincte de celle de la puissance coloniale. Il semble donc intéressant de déterminer dans quels cas cette préservation est possible; pourquoi, quand et à quels niveaux de la société dominée se pose le problème de la parte ou de l'absence d'identité et, par conséquent, il devient nécessaire d'affirmer, ou de réaffirmer, dans le cadre du mouvement de pré-indépendance, une identité différente et distincte de celle de la puissance coloniale.

L'identité d'un individu ou d'un groupe humain donné est une qualité bio-sociologique indépendante de la volonté de cet individu ou de ce groupe, mais qui n'a de signification que lorsqu'elle est exprimée par rapport à d'autres individus ou à d'autres groupes humains. La nature dialectique de l'identité réside dans le fait qu'elle *identifie* et *distingue*, car un individu (ou un groupe humain) n'est identique à certains individus (ou groupes) que s'il est distinct d'autres individus (ou groupes humains). La définition d'une identité, individuelle ou collective, est donc, en mêmes temps, l'affirmation et la négation d'un certain nombre de caractéristiques définissant des individus ou des collectivités, en fonction de coordonnées *historiques* (biologiques et sociologiques) à de leur évolution. En effet, l'identité n'est pas une qualité immuable, précisément parce que les données biologiques et sociologiques qui la définissent sont en constante évolution. Biologiquement ou sociologiquement, il n'y a pas, dans le temps, deux êtres (individuels ou collectifs) absolument identiques ou absolument distincts, car il est toujours possible de trouver chez eux des caractéristiques qui les distinguent ou qui les identifient. Aussi l'identité d'un être est-elle toujours une qualité relative, voire circonstancielle, car sa définition exige une sélection plus ou moins rigoureuse ou restrictive des caractéristiques biologiques et sociologiques de l'être en question.

Il faut remarquer que dans le binôme fondamental qui représenta la définition de l'identité, la sociologique est plus déterminant que le biologique. En effet, s'il est vrai que l'élément biologique (le patrimoine génétique) est la base matérielle indispensable à l'existence et à la continuité évolutive de l'identité, il n'en reste pas moins que l'élément sociologique est la facteur qui, en lui donnant un contenu et une forme, donne une signification objective à cette qualité, en permettant la confrontation ou la comparaison entre individus ou entre groupes d'individus En effet, pour arriver à une définition intégrale de l'identité, la caractérisation de l'élément biologique est indispensable, mais elle n'implique pas une identification sur le plan sociologique, tandis que deux êtres sociologiquement 'identiques ont nécessairement une identité semblable sur le plan biologique.

Ce fait révèle, d'une part, la suprématie de la vie sociale sur la vie individuelle, car la société (humaine, par exemple) est une forme supérieure de la vie ; il suggère, d'autre part., la nécessité de ne pas confondre, dans l'appréciation de l'identité, *l'identité originale*, dans laquelle l'élément biologique est le déterminant principal et *l'identité actuelle*, dans laquelle ce déterminant principal est l'élément sociologique. Évidemment, l'identité dont il faut tenir compte à un moment donné de l'évolution d'un être (individuel ou collectif) est l'identité actuelle, et toute appréciation de cet être faite uniquement sur la base de son identité originale est incomplète, partielle et faussée, car elle néglige ou ignore l'influence décisive de la réalité sociale sur le contenu et la forme de l'identité.

Dans la formation et le développement de l'identité individuelle ou collective, la réalité sociale est un agent objectif, résultant des facteurs économiques, politiques, sociaux et culturels qui caractérisent l'évolution ou l'histoire de la société en question. Si l'on considère que, parmi ces facteurs, l'économique est le fondamental, on peut affirmer que l'identité est, en quelque sorte, l'expression d'une réalité économique. Cette réalité, quels que soient le milieu géographique et la voie de développement de la société, est définie par le niveau des forces productives (rapport entre l'homme et la nature) et par le mode de production (rapports entre les hommes ou les catégories d'hommes au sein d' une même société). Mais si l'on admet que la culture est la synthèse dynamique de la réalité matérielle et spirituelle de la société et exprime les relations aussi bien entre l'homme et la nature qu'entre les différentes catégories d'hommes au sein d'une même société on peut affirmer que l'identité est, au niveau individuel ou collectif et au-delà de la réalité économique, l'expression d'une culture. Voilà pourquoi attribuer, reconnaître ou affirmer l'identité d'un individu ou d'un groupe humain est, avant tout, situer cet individu ou ce groupe dans le cadre d'une culture. Or, comme chacun sait, le support principal de la culture est, dans chaque société, la structure sociale. Il semble donc permis de conclure que la possibilité, pour un groupe humain donné, de préserver (ou de perdre) son identité face à la domination étrangère dépend du degré de destruction de sa structure sociale sous l'effet de cette domination.

En ce qui concerne les effets de la domination impérialiste sur la structure sociale du peuple dominé, il importe de considérer ici le cas du colonialisme classique dont le mouvement de pré-indépendance est la contestation. Dans ce cas-là, quel que soit le stade de développement historique de la société dominée, la structure sociale peut subir les effets suivants :

a) *destruction totale*, assortie de la liquidation immédiate ou progressive de la population indigène et de son remplacement par une population exotique;

b) *destruction partielle*, avec fixation d'une population exotique plus ou moins nombreuse ;

c) *conservation apparente*, conditionnée par le confinement de la société autochtone dans des zones géographiques ou des réserves propres généralement dépourvues de possibilités de vie et accompagnée de l'implantation massive d'une population exotique.

Le caractère foncièrement horizontal de la structure sociale des peuples africains, dû à la profusion de groupes ethniques, fait que la résistance culturelle et le degré de préservation de l'identité ne soient pas uniformes. Ainsi, s'il est vrai que les groupes ethniques ont réussi en général à préserver leur identité, on constate que les groupes les plus *résistants* sont ceux qui ont eu les heurts les plus violents avec la puissance coloniale dans la phase d'occupation effective[2], ou ceux qui, par leur localisation géographique, ont été le moins en contact avec la présence étrangère[3].

Il faut remarquer que le comportement de la puissance coloniale à l'égard des groupes ethniques dénote une contradiction insoluble: d'une part, il lui faut diviser ou maintenir la division pour régner et, pour cette raison, elle favorise la séparation sinon les querelles entre les groupes ethniques; d'autre part, pour essayer d'assurer la perpétuation de sa domination, elle a besoin de détruire la structure sociale de ces groupes, leur culture et, par conséquent, leur identité. Par ailleurs, elle est forcée de défendre les classes dirigeantes des groupes qui (comme, par exemple, l'ethnie ou la nation peule, dans notre pays) lui ont apporté un appui décisif lors de la conquête coloniale – politique qui favorise la préservation de l'identité de ces groupes.

Comme on l'a déjà dit, il n'y a pas en général de modifications importantes, pour ce qui est de la culture, dans la verticale de la pyramide ou des pyramides sociales indigènes (groupes ou sociétés ayant un État). Chaque couche ou classe garde son identité, intégrée à celle du groupe mais distincte de celles des autres catégories sociales. Par contre, dans les centres urbains, ainsi que dans quelques zones de l'intérieur du pays où l'influence culturelle de la puissance coloniale est sensible, le problème de l'identité est plus complexe. Alors que la base et le sommet de la pyramide sociale (c'est-à-dire la majorité des masses populaires travailleuses constituée par des individus d'ethnies différentes et la classe étrangère dominante) préservent leurs identités, la zone centrale de cette pyramide (la petite bourgeoisie autochtone), culturellement déracinée, aliénée ou plus ou moins assimilée, se débat dans un conflit socio-culturel à

---
2 Dans notre pays, c'est le cas des mandjaques, des pépels, des oincas, des balantes et des béafadas
3 C'est le cas des pajadincas et d'autres minorités de l'intérieur.

la recherche de son identité. Il faut encore remarquer que, quoique unie par une identité nouvelle – que lui confère la puissance coloniale – la classe dominante étrangère ne parvient pas à se libérer des contradictions de sa propre société, qu'elle importe dans le pays colonisé.

Lorsque, à l'initiative d'une minorité de la petite bourgeoisie autochtone, alliée aux masses populaires indigènes, se déclenche le mouvement de pré indépendance, ces masses n'ont aucun besoin d'affirmer ou de réaffirmer leur identité, qu'elles n'ont jamais confondue ni ne sauraient confondre avec celle de la puissance coloniale. Ce besoin n'est ressenti que par la petite bourgeoisie autochtone qui se trouve forcée de prendre position dans le conflit qui oppose les masses populaires à la puissance coloniale. Cependant, la réaffirmation d'une identité distincte de celle de la puissance coloniale n'est pas générale au sein de la petite bourgeoisie. Ce n'est que le fait d'une minorité, tandis qu'une autre minorité affirme, souvent de façon fracassante, l'identité de la classe étrangère dominante, et que la majorité silencieuse se débat dans l'indécision.

En outre, même lorsqu'il y a réaffirmation d'une identité distincte de celle de la puissance coloniale, donc identique à celle des masses populaires, elle ne se manifeste pas partout de la même façon. Une partie de la minorité bourgeoise, engagée dans le mouvement de pré-indépendance, utilise les données culturelles étrangères pour exprimer, en faisant principalement appel à la littérature et aux arts, plutôt la découverte de son identité que les aspirations et les souffrances des masses populaires qui lui servent de thème. Et comme, précisément, elle emploie le langage et la langue do la puissance coloniale, elle ne réussit qu'exceptionnellement à influencer les masses populaires, en général illettrées et familiarisées avec d'autres formes d'expression artistique. Ce fait ne diminue cependant pas la valeur de la contribution da cette minorité bourgeoise au développement de la lutte, car elle réussit tout de même à influencer ainsi à la fois une partie des indécis ou des retardataires de sa propre catégorie sociale et une section importante de l'opinion publique de la métropole coloniale, notamment le groupe des intellectuels.

L'autre partie de la petite bourgeoisie qui s'engage ab initio dans le mouvement de pré-indépendance trouve dans sa participation immédiate aux lutte de libération et dans son intégration aux masses populaires le meilleur moyen d'exprimer une identité distincte de celle de la puissance coloniale.

Voilà pourquoi l'identification avec les masses populaires et la réaffirmation de l'identité peuvent être temporaires ou définitives, apparentes ou réelles, face aux efforts et aux sacrifices quotidiens exigés par la lutte elle-même. Lutte qui, tout en étant une expression politique organisée d'une culture, est aussi, et nécessairement, une preuve non seulement d'identité, mais encore de *dignité*.

Au cours du processus de domination colonialiste, les masses populaires, quelles que soient les caractéristiques de la structure sociale du groupe auquel elles appartiennent, ne cessent de résister à la puissance coloniale. Dans une première phase – celle de la conquête, cyniquement appelée "pacification" – elles résistent, les armes à la main, à l'occupation étrangère. Dans une deuxième phase – celle de l'âge d'or du colonialisme triomphant – elles opposent à la domination étrangère une résistance passive, presque silencieuse, mais jalonnée de nombreuses rebellions, en général individuelles, rarement collectives, en particulier dans les domaines du travail et des impôts, voire dans les contacts sociaux avec les représentants étrangers ou autochtones de la puissance coloniale. Dans une troisième phase - celle de la lutte de libération - ce sont les masses populaires qui fournissent la force principale qu'utilise la résistance politique ou armée pour contester et liquider la domination étrangère. Une telle résistance, prolongée et multiforme, n'est possible que parce que, préservant leur culture et leur identité, les masses populaires gardent intact le sentiment de leur dignité individuelle et collective, malgré les vexations, les humiliations et les sévices dont elles sont souvent l'objet.

L'affirmation ou la réaffirmation par la petite bourgeoisie autochtone d'une identité distincte de celle de la puissance coloniale, ne contribue donc pas, ni ne saurait contribuer à restituer un sentiment de dignité à cette seule catégorie sociale. Toujours sur ce plan, il convient d'observer que le sentiment de dignité de la petite bourgeoisie dépend du comportement objectif, moral et social, de chaque individu, du degré de subjectivité de son attitude face aux deux pôles du conflit colonial, entre lesquels il est obligé de vivre le drame quotidien de la colonisation. Ce drame est d'autant plus profond que la petite bourgeoisie est forcée, dans l'accomplissement de ses fonctions, de côtoyer constamment aussi bien la classe étrangère dominante que les masses populaires. De sorte que, d'un côté, l'élément petit-bourgeois est l'objet d'humiliations fréquentes, sinon quotidiennes de la part de l'étranger et que, de l'autre côté, il prend conscience tant des injustices auxquelles sont soumises les masses populaires que de leur résistance et de leur esprit de rébellion. D'où ce paradoxe apparent de la contestation de la domination coloniale: c'est au soin de la petite bourgeoisie indigène, catégorie sociale issue de la colonisation elle-même, qu'apparaissent les premières initiatives conséquentes visant à mobiliser et à organiser les masses populaires pour la lutte contre la puissance coloniale.

Lutte qui, à travers toutes sortes do vicissitudes et quelles que soient ses formes, reflète la conscience ou la prise de conscience d'une identité propre, généralise et consolide le sentiment de dignité, renforcé par le développement de la conscience politique, et puise dans la culture ou les cultures des masses populaires en rébellion l'une de ses forces principales.

PARTIE III

Une appréciation correcte du rôle de la culture dans le mouvement de pré-indépendance ou de libération exige qu'une nette distinction soit faite entre *culture* et *manifestations culturelles*. La culture est la synthèse dynamique, au niveau de la conscience de l'individu ou de la collectivité, de la réalité historique, matérielle et spirituelle, d'une société ou d'un groupe humain, des relations existent entre l'homme et la nature comme entre les homme et entre les catégories sociales. Les manifestations culturelles sont les différentes formes par lesquelles cette synthèse s'exprime, individuellement ou collectivement, à chaque étape, de l'évolution de la société ou du groupe humain en question.

Il s'avère que la culture ost le fondement même du mouvement de libération, et que seules peuvent se mobiliser, s'organiser et lutter contre le domination étrangère les sociétés qui préservent leur culture. Celle-ci, quelles que soit les caractéristiques idéologiques ou idéalistes de son expression, est un élément essentiel du processus historique. C'est en elle que réside la capacité d'élaborer ou de féconder des éléments qui assurent la continuité de l'histoire et détruisent, on même temps, les possibilités de progrès ou de régression de la société. L'on comprend ainsi que, le domination impérialiste étant la négation du processus historique de la société dominée, elle soit nécessairement la négation de son processus culturel. Aussi – et parce qu'une société qui se libère vraiment du joug étranger reprend les routes ascendantes de sa propre culture, laquelle se nourrit de la réalité vivante du milieu et nie tant les influences nocives que toute sorte d'assujettissement à des cultures étrangères à la lutte de libération est-elle, avant tout, un *acte de culture*.

Amílcar Cabral

La lutte de libération est un fait essentiellement politique. Par conséquent, seules des méthodes politiques (y compris l'emploi de la violence pour liquider la violence, toujours armée, de la domination impérialiste) peuvent être utilisées au cours de son développement. La culture n'est donc pas ni ne saurait être une arme ou une méthode de mobilisation de groupe, contra le domination étrangère. Elle est bien plus que cela. En effet, c'est dans la connaissance concrète de la réalité locale, en particulier de la réalité culturelle, que se fondent le choix, la structuration et la développement des méthodes les plus adéquats pour la lutte. D'où la nécessité, pour le mouvement de libération, d' accorder une importance primordial non seulement aux caractéristiques générales de la culture de la société dominée, mais encore à celles de chaque catégorie sociale. Car, bien qu'elle ait un caractère de masse, la culture n'est pas uniforme, elle ne se développe pas également dans tout les secteurs, horizontaux ou verticaux, de la société.

L'attitude et le comportement de chaque catégorie ou de chaque individu face à la lutte et à son déroulement sont, certes, dictés par ses intérêts économiques, mais aussi profondément influences par sa culture. L'on peut même affirmer que c'est la différence des niveaux de culture qui explique les différents comportements des individus d'une même catégorie sociale face au mouvement de libération. C'est sur ce plan donc que la culture atteint toute sa signification pour chaque individu : compréhension et intégration dans son milieu social, identification avec les problèmes fondamentaux et lus aspirations de la société, acceptation ou négation de la possibilité d'une transformation de sons du progrès.

Il est évident qu'une multiplicité de catégories sociales et, en particulier d'ethnies rend plus complexe la définition du rôle de la culture dans le mouvement de libération. Mais cette complexité ne peut ni ne doit diminuer l'importance décisive, dans le développement de ce mouvement, du *caractère de classe* de la culture qui est plus sensible dans les catégories urbaines et les sociétés rurales à structure verticale, mais qu'il importe de prendre on considération même lorsque le phénomène de classe on est encore au stade embryonnaire. L'expérience montre que, devant la nécessité d'une option politique exigée par la contestation de la domination étrangère, les catégories privilégiés, dans leur majorité, placent leurs intérêts immédiats de classe au-dessus des intérêts du groupe ou de la société, contre les aspirations des masses populaires.

Amílcar Cabral

En outre, il convient de ne pas oublier que la culture, on tant que résultante et déterminant de l'histoire, comporte des éléments essentiels et secondaires, des forces et des faiblesses, des vertus et des défauts, des aspects positifs et négatifs, des facteurs de progrès et de stagnation ou de régression, des contradictions, voire des conflits. Quelle que soit la complexité de ce panorama culturel, le mouvement de libération a besoin de reconnaître et de définir les données contradictoires pour préserver les valeurs positives et pour opérer la *confluence* de ces valeurs dans le sens de la lutte et dans le cadre d'une nouvelle dimension – la *dimension nationale*. Il faut remarquer, néanmoins, que ce n'est qu'au cours de la lutte que la complexité et l'importance des problèmes culturels apparaissent dans toute leur ampleur, ce qui oblige fréquemment à des adaptions successives de la stratégie et des tactiques à des réalités que seule la lutte peut révéler. De même, seule le lutte révèle comment et combien la culture est, pour les masses populaires, une source inépuisable de courage, d'énergie physique et psychique, mais aussi *d'obstacles*, et de difficultés, de conceptions erronées, de déviations dans l'accomplissement du devoir et de limitations du rythme et de l'efficacité de la lutte.

Tout cela implique une confrontation permanente aussi bien entre les différents éléments de la culture que contre celle-ci et les exigences de la lutte. Une action réciproque se développe ainsi entre la culture et la lutte. La culture, fondement source d'inspiration de la lutte, commence à être influencé par celle-ci et cette influence se reflète de façon plus ou moins évidente dans l'évolution du comportement des catégories sociales et des individus ainsi que dans le déroulement de la lutte elle-même. Tant les dirigeants du mouvement de libération, pour la plupart originaires des centres urbains (petite bourgeoisie et travailleurs salariés), que les masses populaires (dont l' écrasante majorité est constitué de paysans) améliorent leur niveau culturel : ils acquièrent une plus grande connaissance des réalités de leur pays, se libèrent des complexes et des préjugés de classe, renversent les bornes de leur univers, détruisent les barrières ethniques, consolident leur conscience politique, s'intègrent plus étroitement à leur pays et au monde, etc.

Quelle que soit sa forme, la lutte, on le sait, exige la mobilisation et l'organisation d'une majorité importante de la population, l'unité politique et morale des diverse catégories sociales, la liquidation progressive des vestiges de la mentalité tribale et fédérale, le refus des règles et des tabous sociaux et religieux incompatibles avec le caractère *rationnel* et national du mouvement libérateur, et elle opère encore beaucoup d'autres modifications profondes dans la vie des populations. Cela est d'autant plus vrai que la dynamique de la lutter exige encore la pratique de la démocratie, de la critique et de l'autocritique, la participation croissante des populations à la gestion de leur vies, l'alphabétisation, la création d'écoles et de services sanitaires, la formation de cadres issus des milieux paysans et ouvriers, et bien d'autres réalisations qui impliquent une véritable marche forcée de la société sur la route du progrès culturel, elle est aussi un facteur de culture.

Au sein de la société indigène l'action du mouvement de libération sur le plan culturel entraîne la création d'une lente mais solide unité culturelle, de nature symbiotique, correspondant à l'unité morale et politique nécessaire à la dynamique de la lutte. Avec la rupture de l'herméticité des groupes, l'agressivité raciste, tribale ou ethnique, tend à disparaître progressivement pour faire placo à la compréhension, à la solidarité et au respect mutuel entre les différents secteurs horizontaux de la société, unis dans la lutte et dans un destin commun face à la domination étrangère – sentiments dont les masses populaires prennent conscience sans grande difficulté, si l'opportunisme politique propre aux couches sociales moyennes ne vient pas troubler ce processus. L'on constate aussi un renforcement de l'identité de groupe et, partant, du sentiment de dignité. Ces faits ne nuisent en rien au mouvement de l'ensemble de la société dans le sens d'un progrès harmonieux en fonction des nouvelles cordonnées historiques, mouvement dont seule action politique intensive et efficace, élément essentiel de la lutte, peut définir la trajectoire et les limites, et assurer la continuité.

Parmi les représentants de la puissance coloniale comme dans l'opinion métropolitaine, la lutte de libération crée d'abord un sentiment général d'étonnement, de surprise et d'incrédulité. Une fois surmonté ce sentiment, qui est le fruit de préjugés ou de la déformation systématique qui caractérise l'information colonialiste, les réactions varient selon les intérêts et les opinions politiques et le degré de cristallisation d'une mentalité colonialiste ou raciste des différentes catégories sociales, voire des individus. Les progrès de la lutte et les sacrifices imposés par la nécessité d'exercer une répression colonialiste, policière ou militaire, provoquent dans l'opinion métropolitaine, une scission qui se traduit par de prises de position différentes, sinon divergentes, et par l'émergence de nouvelles contradictions politiques et sociales.

Amílcar Cabral

À partir du moment où la lutte s'impose comme un fait irréversible, et si grands que soient les moyens utilisés pour la juguler, un changement qualitatif s'opère dans l'opinion métropolitaine qui, dans sa majorité, accepte progressivement la possibilité, sinon la fatalité de l'indépendance de la colonie. Un tel changement traduit la reconnaissance, consciente ou non, du fait que le peuple colonise en lutte a une identité et une culture propres. Et cela, en dépit du fait qu'une minorité active, accrochée a ses intérêts et à ses préjuges continue durant tout le conflit, à refuser le droit de ce peuple à l'Independance, a rejeter l'équivalence des cultures que ce droit implique. Équivalence qui, à une étape décisive du conflit, est implicitement reconnue ou acceptée même par la puissance coloniale, lorsque, pour détourner la lutte de ses objectifs, elle applique une politique démagogique de "promotion économique et sociale", de "développement culturel", en recourant à de nouvelles formes de domination. En effet, si le néo-colonialisme est avant tout la continuation de la domination économique impérialiste sous une forme déguisée, il est aussi la reconnaissance tacite par la puissance coloniale du fait qui le peuple qu'il domine et exploite a son identité propre, laquelle exige une direction politique propre, pour la satisfaction d'une nécessite culturelle.

Il faut remarquer encore que, on acceptant l'existence d'une identité et d'une culture du peuple colonise, et dons son droit inaliénable à l'auto-détermination et à l'Independence, l'opinion métropolitaine (ou tout au moins une partie important de cette opinion) fait un progrès significatif d'ordre culturel, et se libère d'un élément négatif de sa culture : le préjugé de la suprématie de la nation colonialiste sur la nation colonisée. Ce progrès peut avoir des conséquences importantes, voire transcendantes, sur l'évolution politique de la puissance impérialiste ou coloniale, comme le prouvent quelques fait de l'histoire récente ou actuelle.

Certains affinités génético-somatiques et culturelles entre plusieurs groupes humains d'un ou de divers continents, ainsi, qu'une situation plus ou moins semblable par rapport à la domination coloniale et raciste, ont amené a formuler des théories et à créer de "mouvements" fondes sur l'hypothèse de l'existence de *cultures raciales* ou *continentales*. L'importance du rôle de la culture dans le mouvement de libération, généralement reconnue ou pressentie, a contribué à donner à cette hypothèse une certaine audience. Sans prétendre minimiser l'importance que de telles théories ou "mouvements" auraient eu ou ont en tant que tentatives, réussies ou non, de recherche d'une identité, et en tant que moyen de contestation de la domination étrangère, l'on peut affirmer qu'une analyse objective de la réalité culturelle conduit à nier l'existence de cultures raciales ou continentales. Tout d'abord parce que la culture, comme l'histoire, est un phénomène en expansion et intimement lié à la réalité économique et sociale du milieu, au niveau des forces productives et au mode de production de la société qui l'a créé. Deuxièmement, parce que le développement de la culture se poursuit de façon inégale, au niveau d'un continent, d'une "race", voire d'une société. En effet, les cordonnées de la culture, comme celle de tout phénoma en développement varient dans l'espace et dans le temps, qui ceux-ci soient matériels (physiques) ou humains (biologiques et sociologiques). Voilà pourquoi la culture - création de la société et synthèse des équilibres et des solutions qu'elle engendre pour ressourdre les conflits qui la caractérisent à chaque phase de l'histoire – est une réalité sociale indépendante de la volonté des hommes, de la couleur de la peau, de la forme des yeux ou des limites géographiques.

L'appréciation correcte du rôle de la culture dans le mouvement de libération exige que l'on considère globalement et dans leurs relations internes les facteurs qui la définissent; que l'on évite toute confusion entre ce qui est l'expression d'une réalité historique, matérielle, et ce qui semble être une création de l'esprit, détachée de cette réalité; que l'on n'établisse pas une connexion absurde entre les créations artistiques, valables ou non, et les prétendues caractéristiques psychiques et somatiques d'une "race"; enfin, que l'on évite toute analyse non-scientifique ou a-scientifique du phénomène culturel.

Pour que la culture joue le rôle qui lui revient dans le mouvement de libération, celui-ci doit établir avec précision les objectifs a atteindre sur la voie de la reconquête du droit du peuple qu'il représente et dirige à avoir sa propre histoire et à disposer librement de ses forces productives, en vue du développement ultérieur d'une culture plus riche, populaire, nationale, scientifique et universelle. Ce qui est important pour le mouvement de libération, ce n'est pas de prouver la spécificité ou la non-spécificité de la culture du peuple, mais de procéder à l'analyse critique de cette culture en fonction des exigences de la lutte et du progrès et de la situer, sans complexe de supériorité ou d'infériorité, dans la civilisation universelle, comme une parcelle du patrimoine commun de l'humanité, en vue d'une intégration harmonieuse dans le monde actuel.

La lutte de libération, qui est l'expression la plus complexe de la vigueur culturelle du peuple, de son identité et sa dignité, enrichit la culture et lui ouvre de nouvelles perspectives de développement. Les manifestations culturelles acquièrent un contenu nouveau et trouvent de nouvelles formes d'expression. Elles deviennent ainsi un instrument puissant d'information et de foration politique, non seulement dans la lutte pour l'indépendance mais encoure dans la grande bataille pour le progrès.

Références

Beteille, André 1971 Race, Caste et Identité ethnique *Revue internationale des Sciences Sociales* vol. XXIII (1971). No 4 (pp. 551-569).

Berghe, Pierre, L. van der 1971 L'ethnicité en Afrique *Revue internationale des Sciences Sociales*, vol. XXIII (1971). No 4 (pp.539-550).

Cabral, Amilcar 1969 Revolution in Guinea, New York, Monthly Review Press.

Cabral, Amílcar 1970 National Liberation and Culture. Occasional Paper Syracuse University.

Davidson, Basil 1969 *The African Genius*. Boston. Toronto Edt. par Little, Brown & Cie.

Kuper, Leo 1971 Le changement d'ordre politique dans les sociétés pluralistes, problèmes posés par le pluralisme racial. *Revue internationale des Sciences Sociales*, vol. XXIII (1971) No 4 (pp. 632-645).

Le mbongi, la palabre ; hier, aujourd'hui et demain
Point de vue sur l'enracinement et l'ouverture culturels

Ernest Wamba-dia-Wamba

Première conférence du Groupe de Réflexion Mbongi A Nsi,
Kinshasa, le 18 octobre 2003

Introduction :
Défis de la situation culturelle de l'hybridité

Nos cultures ont-elles cessé d'être capables de gérer les conflits et les contradictions parmi le peuple ? Pourquoi la dialectique de l'articulation des racines et des ailes ne donne pas encore l'efficace qu'elle doit avoir ? A partir de quels éléments peut-on mieux saisir la dynamique interne d'une culture, sa sagacité ?

Nous vivons certainement des contextes culturels d'hybridité, de *mpuku-mu-nuni* (chauve-souris) et de *mamiwata*; on n'est ni dans un contexte d'oralité ni de celui de l'écrit complètement; ni dans un contexte d'enracinement culturel sûr ni celui d'une vraie compréhension des cultures des autres (les ailes). *'Nlele wansompa ka utominanga makinu ko, mais, buabu makinu mayikidi kaka mansompa ye ma milele mia nsompa!'* Même l'éducation ne semble plus partir ni de l'environnement écologique de l'élève ni de son environnement culturel. Se pose-t-on la question : quelles sont les vertus les plus importantes de sa culture?

Les habitants de ce pays ont vécu des traumatismes de toutes les sortes (traite négrière en tant que victimes et responsables, l'holocauste Léopoldien oublié, le colonialisme, le racisme et le cas Ota Benga, les guerres insensées, la dette contractée à l'insu des gens et impossible à payer conduisant en un nouvel esclavage, la prise en otage par les mafias internes et externes, les massacres, les impositions extérieures, la répression parentale, la chosification de la femme réduite à un bureau, etc.), leurs cultures se seraient façonnées aussi dans la maîtrise de la gestion ou l'impossibilité de gestion (rejouement) des effets de ces traumatismes. Les interdits positifs internes à chaque culture semblent avoir cédé, sans pour autant repenser les rapports de constance : l'essentialité de la relation mère-enfant; l'essentialité de la communauté (*kanda*, Gemeinwesen) et l'essentialité du rapport au reste de la nature. Toutes ces essentialités semblent être en crise. La répression parentale, l'individualisme (et la sorcellerie) et le retrait du totémisme dérangent toutes ces essentialités. La sorcellerie pour nuire n'a-t-elle pas pris le devant sur celle de la protection/ défense de la communauté ? Les initiations pour reproduire le vivre-mieux-ensemble-dans-la communauté semblent avoir disparu. Les *mvila*, liens de la solidarité communautaire ne-Kongo ne sont plus actifs. La prominence des 'biyinga' (les non-initiés) et des *'babulua-meso* individualistes' *(ndoki)* atteste à la crise de la communauté. Tout animal vivant ou presque n'est-il pas devenu une source de la viande ? Les bribes survivantes des cultures sans enracinement dans les essentialités de constance ne servent qu'à la décoration.

Les traditions culturelles sont des prescriptions des possibles de sortie dans des situations. Lorsque les gens ne sont plus interpellés par ces prescriptions, les choix dans des situations disparaissent et l'horizon de liberté devient rétréci si pas fermé. Les prescriptions pour sortir des situations difficiles deviennent difficiles à trouver. La dynamique de la palabre, par exemple, permet de redynamiser cet horizon en réactivant les prescriptions et d'élargir le champ de la liberté et donc de la créativité. C'est ici, par exemple, que les *'ngana zata bambuta'* (les leçons tirées par nos ancêtres, nos anciens sages) deviennent des prescriptions actives. On parlait des déracinés culturels comme des *'ka basala Bantu ko'* ; mais, quand la majorité se compose des 'déracinés culturels', il y a crise de la communauté et l'émergence d'une communauté nouvelle. Le retrait de la dynamique de *Mbongi*, et surtout de celle de la palabre, sans remplacement visible, ne serait-il pas là une des raisons de la difficulté que nous avons de maîtriser nos situations des conflits ? Les *'nganda',* les bars, la télévision ou les églises constituent-ils un remplacement ? Les enfants de la rue n'attestent-ils pas, entre autres, de l'absence de la dynamique de *Mbongi* ?

Les causes profondes de la situation de l'hybridité

Le problème fondamental congolais (et Africain), c'est le rapport entre la ville et la campagne (le monde rural) ; plus particulièrement l'échec d'avoir développé la campagne où habite la majorité de la population, l'échec d'avoir accordé à la population rurale et la culture des milieux ruraux les mêmes capacités ou pouvoirs que les gens des villes pour qu'ensemble ils remodèlent la société entière.

L'absence de développement des milieux ruraux et de la population rurale est une grande pesanteur qui pousse toute l'économie à l'effondrement. Il ne s'agit pas d'une question de la seule économie ; c'est d'abord une question politique, des rapports essentiels de l'État, de philosophie politique et de la direction de toute la civilisation. Ce n'est pas une question de la seule politique de développement ; il s'agit de la nécessité des rapports nouveaux entre les classes sociales urbaines et les classes sociales rurales ; il s'agit d'un nouveau partenariat dans la gestion du pouvoir d'État entre les gens des villes et ceux de la campagne. Ni la ruralisation des villes ni l'urbanisation de la campagne ne vont résoudre le problème. Ce n'est pas une question de politique économique entre la ville et la campagne ou entre le gouvernement et la campagne, ni premièrement une question d'argent, de technologie, d'investissements ou des marchés, mais, des types spécifiques des relations entre les classes sociales urbaines et celles rurales, des relations spécifiques politiques dans la gestion du pouvoir d'État. Il s'agit de l'orientation et les prescriptions sur l'État influençant le fonctionnement de celui-ci envers la grande majorité de la société, les paysans, et envers la propriété communautaire de la terre.

C'est la nature de l'État africain elle-même qui est le problème. Il s'agit d'un *État-greffe* des colonialistes, un État qui ne s'est pas développé de façon organique avec le corps social africain, enraciné dans, et imbu des, traditions et cultures africaines. C'est *une greffe occidentale et urbaine* et qui existe dans une société largement non-industrialisée, non-urbaine, pauvre, analphabète et rurale. Même les partis politiques sont des greffes des maîtres colonialistes qui n'émergent pas organiquement du corps social de la société africaine. Comme en médecine, le corps social tend à rejeter ces greffes. Les caractéristiques grossières de la vie politique africaine s'expliquent sur cette base. C'est là aussi la racine de la crise de l'État africain. Il faut aussi y ajouter l'impact sur la psychologie (individuelle et sociale) et sur la mentalité des Africains de la traite négrière, le colonialisme et le racisme.

Il est urgent de restructurer l'État de façon à ce qu'il soit en rapport sain et organique avec la grande majorité de la population rurale – qui vit encore avec des cultures rurales. C'est pour le rendre responsable *(accountable)* vis-à-vis de toute cette population pour permettre à celle-ci d'avoir un impact proportionnel sur l'État et qu'elle participe, en égale avec la population urbaine, dans tous les organes et commissions à travers lesquels se prennent les décisions pour toute la société. Il faut restructurer l'État de façon à ce qu'il ait un rapport sain avec les traditions, la culture et les langues des peuples africains. Il faut une élite pour la communauté de la campagne, comme pour la communauté urbaine et non une élite communautaire se faisant représentante de la campagne pour les intérêts de ses individus.

Cette greffe a une histoire lointaine : la rupture violente, en Occident, de la communauté réelle (naturelle, paysanne) en faveur d'une communauté artificielle du Capital. C'est une rupture entre une rationalité communautaire et une rationalité de calcul capitaliste. Au lieu de chercher une synthèse et une continuité entre le passé, le présent et le futur, on avait fait une table rase. La discontinuité entre le passé et le présent a créé une situation psychiatrique caractéristique de la mentalité urbaine qui cherche consciemment ou inconsciemment à annihiler le passé qu'entretiennent la culture rurale et la population rurale. La destruction vicieuse et violente des paysans et de leur culture, dans la formation de la société occidentale moderne, dans l'absence de continuité de la culture paysanne dans la culture occidentale moderne, l'échec de faire une synthèse entre, d'une part, la culture et traditions paysannes et la culture moderne urbaine, d'autre part, est la racine de ce qui est ressenti comme absence de sens et de profondeur dans la culture occidentale moderne et la personnalité occidentale moderne. D'où la primauté ontologique de l'individu sur la société qui fait de la société une réunion ou un contrat entre les individus isolés.

Le sens profond de la dictature, en Afrique, c'est le fait d'imposer cette greffe sur toute la société, par des moyens qui visent à la destruction violente et vicieuse de la culture et des traditions paysannes. En médecine, une telle imposition tue le corps. Ce n'est pas très loin de la destruction violente des indigènes Américains pour asseoir la société moderne aux États Unis. C'est une crise civilisationnelle profonde. Les trois refus africains s'expliquent sur cette base : le refus de penser pour soi-même, le refus de prendre au sérieux tout son passé et le refus de voir les choses dans une perspective de long terme. On parle avec des discours d'emprunt, parfois sans en être conscients.

Nous devons sortir de cette problématique qui fait que nos soi-disant intellectuels s'acharnent, sans pensée, de démettre la culture africaine et de faire la promotion, sans pensée, de la culture occidentale. Cette voie nous conduit à la confusion culturelle qui caractérise la jeunesse urbaine africaine et la classe moyenne aspirante. Les débats sur la démocratie qui ne tiennent pas compte de cette situation, ne visent qu'à faire accepter la greffe, la rendre plus acceptable aux gens. Pour avoir un impact, ils doivent s'inscrire dans la nécessité des rapports politiques nouveaux entre la ville et la campagne. Il faut réactiver la continuité et la synthèse entre le passé culturel, le présent et le futur et il faut viser à la restructuration de l'État actuel qu'il cesse d'être une greffe.

C'est sur cette base seulement que nous pourrons réussir 1) l'industrialisation de notre pays, 2) la révolution agraire africaine, 3) le développement en Afrique avec l'élimination du sous-développement rural, 4) la réforme et la transformation de l'Éducation de façon à ce que les traditions, cultures et langues africaines soient au centre de l'entreprise, la généralisation de l'alphabétisation et la disponibilité des matériaux de lecture pour les masses de la population africaine, 5) le développement de la capacité des élites africaines de produire des solutions afrocentristes aux crises sévères et l'effondrement de l'économie ainsi que la grave crise du chômage massif.

Il faut dire qu'il y a une crise globale de la société en Afrique aussi bien qu'en Occident, une grave crise de gouvernance et de responsabilité *(accountability)* dans l'État africain aussi bien que l'État Occidental. Cette question pourra faire l'objet d'une autre discussion. C'est pour expliciter cette question de la continuité culturelle comme fondement d'un espoir de sortie de la crise globale congolaise, que je propose un débat sur le *mbongi* considéré comme l'élément central de créativité culturelle traditionnelle.

Le Mbongi, *la palabre : lieux de la guérison culturelle ?*

Le *Mbongi*, c'est d'abord le lieu des processus culturels d'une communauté (villageoise, lignagère, clanique, luvilaire, etc.) La reproduction culturelle, dans son ensemble, se faisait par ce lieu. Il était multifonctionnel avec une vision de la multiplicité. Tout était en partage, tout en reconnaissant le fait que chacun y parlait en son nom. Le village sans *mbongi* est un village mort ; celui qui ne participe pas au *mbongi* ne comprend pas la dynamique de la vie du village. Le travail difficile d'intellectualité de la maîtrise des batailles communautaires se fait ici. L'importance du mbongi était souligné, par exemple, au détriment du missionnaire qui n'avait pas compris sa symbolique du feu, par des villageois, en tant que chrétiens potentiels, interrogés de choisir entre le paradis et l'enfer, avaient tous préféré l'enfer !

Le *mbongi* suppose l'idée d'une communauté réelle, dont il sert d'organe dirigeant et délibérant. Dans la culture Kongo, la cellule de base peut être considérée comme le *kanda*. Beaucoup de proverbes, de prescriptions donc, pointent à la centralité de cette communauté. J'en donne ici un échantillon : *kanda mukutu*, la primauté ontologique de la communauté sur l'individu ; *kanda mutu*, la communauté c'est la tête ; *kanda wakandula biela bia kanda*, la communauté stimule les gens de la communauté ; *kanda wakanda mambu*, la communauté prévoit la possibilité des problèmes et des conflits ; *untela nkingu miankulu mia kanda kidi yazaya miampa*, dis-moi les anciens principes de la communauté pour comprendre les nouveaux ; *mbongo a kanda ka mbongo aku ko*, la chose communautaire n'est pas privée – le respect de la chose publique ; *mu kanda babo longa ye longwa*, l'éducation, dans la communauté, est réciproque ; *nkingu mia kanda nkingu mia nsi*, les prescriptions de la communauté sont les prescriptions du pays – le pays ce sont les gens qui y habitent ; *kanda n'landa: bankaka kwenda bank aka kwiza*, la dialectique communautaire — *dingo-dingo* — la communauté est un processus de renouvellement constant ; *simbi bia kanda (bia nsi) mu kilombo binikukinanga ;* le dirigeant de la communauté est un poisson dans l'eau ; *nga nzenza muntu katunga fu bia bwala ?* L'étranger ne peut faire les coutumes de la communauté ; *kanda kandu, ka kiloswa, ka kisabwa*, la communauté est un tabou, on ne peut ni le jeter ni l'adorer ; *kanda i (mbundani a) bafwa ye bamoyo*, la communauté est l'union des ancêtres morts et des personnes vivantes ; etc.

Il est clair que l'essentialité de la communauté est affirmée. Les prescriptions portent sur la protection/reproduction de la communauté et les anti-valeurs (le *kindoki kia ndila*, la sorcellerie individualiste pour détruire) visent à sa destruction. Le règlement des rapports communautaires (sociaux) se fait par le *mbongi* (la maison sans murs ou lieu de transparence communautaire). Il y a aussi des prescriptions, sous forme de proverbes, qui montrent la centralité de mbongi. J'en donne ici un échantillon Kongo : *vata dikondolo mbongi vata diafwa*, la communauté sans *mbongi* est sans vie ; *boko (mbongi) wabokula mambu*, le *mbongi* règle les affaires de la communauté ; *boko waboka mu vata*, le *mbongi* convoque les réunions de la communauté du village ; *mbila boko ni beto kulu*, l'appel du *mbongi* s'adresse à tous ;

mbongi wabokila mambu, le *mbongi* est une commission d'enquête communautaire pour régler les rapports sociaux ; *lusanga (mbongi) wasangumuna mambu*, le *mbongi* révèle/expose tous les problèmes de la communauté pour les résoudre ; *lusanga (mbongi) didi dia kimvuka*, le *mbongi* est le noyau dirigeant de la communauté ; *yemba (mbongi) wayembamana mambu ma kanda*, le *mbongi* protégé les affaires de la communauté ; *nsamu katoma ku kioto (mbongi) kabiya ku kioto*, bonnes ou mauvaises solutions, celles-ci s'arrêtent au *mbongi* ; *kioto (mbongi) kioko kia kanda kalambanga*, la nourriture guérisseuse de la communauté se prépare au *mbongi* ; etc.

Le *fu kia nsi* (constitution du pays), chez les Kongo, posait d'abord qu'il y a d'abord la communauté ; il n'y a pas d'individu isolé ; chaque personne se trouve toujours devant un frère ou une sœur en présence de n'importe quelle personne de la communauté ; les multiples liens tissés entre les membres (de *mvila*, de *ndonga*, de *bivumu*, de *totème*, de *misibu*, des *initiation*s, etc.) l'attestent. Ce sont ces lieux privilégiés entre les membres de *kanda* ou entre les *makanda* qu'il faut à tout prix protéger contre tout conflit pour assurer la continuité des relations fraternelles, pacifiques, paisibles et harmonieuses. Le *mbongi* est une pratique quotidienne du règlement des rapports communautaires.

Le *mbongi* est *ouverture* : n'importe qui peut venir au *mbongi* partager ce qu'il peut partager avec les autres – la pensée, le bois, le manger, les arachides, le manioc, les boissons, etc. Même les femmes y viennent occasionnellement ; l'étranger y est le bienvenu. Le *mbongi* a donc pour horizon la multiplicité pure et inconsistante : l'arrivée de l'inconnu y est prévue. Le riche, le pauvre, l'ainé, le cadet, le *mfumu-dikanda* (la personne libre), le *muan'ambuta*, le *nsumbidi-nsumbidi* (l'esclave communautaire), le *kisana* (l'orphelin), tous sont les bienvenus au *mbongi*. Chacun parle au *mbongi* en son nom, fondamentalement communautaire et singulier.

Le *mbongi* est *singularisation* : même en tant qu'un ensemble des liens communautaires, chaque personne est singularisée, non seulement par son nom propre définitionnel ou de *ndusi* mais suivant les exigences de la situation qui l'exige de parler en son nom. Le *mbongi* compte chacun tel qu'il est et là où il est.

Le *mbongi* est *partage des tâches* (rôles) et la coordination de celles-ci. Il y a un chef de *mbongi* dont la légitimité dépend de la singularité, en tant qu'incarnation des liens communautaires (la tradition) et du fonctionnement correct du règlement des rapports communautaires protégeant

Ernest Wamba-dia-Wamba

l'harmonie communautaire préventive des conflits. Tout cela est guidé par la culture/l'idéologie de − *sana* : comme dans *zolasana, salasana, simbasana, natasana zitu, tungasana, longasana, vungasana, kabasana*, etc, attestée par le fait que les ancêtres y veillent.

Les conflits, parfois très graves, pouvaient surgir : ceux pour lesquels on disait que *nsinga dikanda ninga kaka uninganga kansi ka tabuka ko* — le lien communautaire peut vibrer de tension mais il ne doit pas se casser ; et ceux qui peuvent entraîner à la rupture de la communauté. Les conflits dûs aux contradictions parmi le peuple de la communauté et les contradictions antagoniques comunautaires ou intercomunautaires. Les conditions d'existence de ces conflits sont spécifiées : *l'action de la sorcellerie pour détruire (kindoki kia ndila)*, l'irresponsabilité de l'élite pour la communauté (les *Nzonzi* par exemple) qui devient une simple élite communautaire, les conditions extérieures favorisées par celles intérieures (le sorcier de l'extérieur mange/tue dans la communauté par le sorcier de l'intérieur), *kimongi kia mayala* (oubli de la moralité publique — le *sana*, l'individualisme), le *kimuyeke*, etc.

La manière courante de règlement des conflits est la palabre (*ntungasani* communautaire ou intercommunautaire). Toute la communauté est interpellée ; la palabre est l'auto-questionnement communautaire généralisé. La palabre est multifonctionnelle : détection de courts circuits dans les liens communautaires, réajustement du règlement des rapports communautaires, guérison communautaire, jugement du conflit spécifique qui divise la communauté en camps opposés et la réconciliation des camps *(ta bindokila)*, purification de la parole communautaire (détruire la mauvaise parole), un massage (mental, spirituel et psychologique) communautaire généralisé pour restaurer la santé communautaire, lever les interdits et les re-instituer, etc. La palabre est un processus très complexe. Pour orienter un tel processus, il y a des *Nzonzi*, spécialistes ou élite *pour la communauté* — sages, dialecticiens (témoins de la compossibilité des vérités communautaires et détecteurs de la mauvaise parole, du mauvais regard, etc.), avocats, guérisseurs, massageurs communautaires, 'refroidisseurs' du lien communautaire en tension, rétheurs ou maîtres de l'art oratoire etc. Ils ne font pas que "dire le *fu kia nsi*" (dire le droit) – qui peut être mis en cause. Le *Nzonzi* doit posséder l'art oratoire nourri de sagesse communautaire faite de chants significatifs, de danses ancestrales, de proverbes comme sagesse séculaire concentrée dans de courtes locutions, de l'histoire et de la géographie de l'environnement de la communauté, des éléments culturels à ne pas ignorer, comme les *mvila*, les *bivumu*, les *ndandani*, etc., et pas seulement la capacité de savoir dire le *fu kia nsi (kisinsi, kisivata, kisizunga, kisikanda)*.

La palabre est non seulement le lieu des processus politiques qui traitent des matières de la politique, c'est-à-dire du règlement des rapports communautaires, mais, aussi est-elle un lieu de pensée participative, en tant que la pensée est rapport du réel qu'exige la palabre. On peut dire que les *Nzonzi* sont des militants de ces processus. Quelques règles guident ces processus : exposer les secrets *(yalula nsala)* et surtout celui qui est le plus dangereux, la mauvaise sorcellerie ; maintenir la transparence (*wata ngana bangula ngana, kibongi kia ngana walembana zo bangula, wafwila mu zingana*, on dit le proverbe pour éclaircir la pensée des choses ; celui qui dit des proverbes pour confondre les gens, était mort de la confusion ainsi crée) ; libérer la parole intégrale, tout le monde capable de parole a droit à la parole, il faut un dialogue multiple (multilogue) répété *(mbo nge ni yandi kwandi batalanga !* Pourquoi n'y a-t-il que lui qu'on doit voir, entendre, écouter.. ?) ; maintenir l'éthique de vérité *(nzonzi za luvunu, ngo.. !)* ; prendre le point de vue de la res publica *(mu kanda kingenga kia mambu kuanana et puis, nto wayenda bukaka wakondama)* ; non seulement on répond au discours par un discours (Blaise Pascal), il faut un débat contradictoire *(bana batedi, bana basekudi)* ; reconnaître que les vérités sont multiples *(mfumu na mfumu, nganga na nganga* — le politique se mesure avec le politique, le savant se mesure avec le savant) ; préparer ses interventions en utilisant, quand il y a besoin, les réunions-à-côté *(mfundu)* ; avoir recours à tout ce qui peut expliquer, inspirer, persuader (le *'ndozi ndotolongo'*, la chanson-thèse, le poème, le théâtre et les gesticulations corporelles) ; enfin, c'est pratiquer l'idée que *les gens pensent*.

Nous avions étudié ailleurs (Wamba-dia-Wamba, 1985) le déroulement concret d'une palabre. Il faut dire que la nature du conflit qui nécessite une palabre détermine la forme concrète qu'elle prend. Elle peut être une sorte de tribunal opposant deux parties, des personnes, des familles ou des groupes des personnes ; l'ensemble de la communauté, avec ses notables, se constitue en une cour *(mbasi-a-nkanu)*. Les *mfundu* prennent la forme des commissions *(mfundu za luzengo et mfundu za bindokila)*. Chaque partie se donne un ou plusieurs *Nzonzis* servant de ses porte-paroles attitrés. Il arrive que la palabre ait lieu chez le chef du village ou du terroir qui, généralement est respecté et respectable et qui est une autorité morale acceptée de tous.

Ernest Wamba-dia-Wamba

Très brièvement quelles sont les valeurs culturelles les plus importantes qui se dégagent de l'étude du *mbongi* et de la palabre ? Il y a d'abord la sacralité de la terre ancestrale sans laquelle la communauté perd de son intégrité. La vision centrale qui motive toute la communauté c'est laisser vivre la vie (*dingo-dingo*, la vie est un processus de changement non-interrompu), vivre et faire vivre la communauté pour mieux vivre : tout pour la communauté et rien contre la communauté, mais aussi : la souveraineté de toute vie humaine. Les crimes fondamentaux sont l'aliénation de la terre ancêstrale (*wateka ntoto dikanda neti ngororo/vangu*, qui vend la terre ancêstrale porte sa croix mortelle). Le *mukongo* porte un crime (*nata nkanu*, un comportement) et non 'commet un crime'. Celui-ci trouve ses racines dans le fonctionnement de la communauté ; on ne peut le corriger sans aussi corriger celle-ci. La richesse individuelle est soupçonnée de n'être qu'un enrichissement sans cause *(kimvwama kia muyeke)*. Un tel riche doit être ou bien tué ou bien frappé de la malchance *(lokwa)*. C'est le *kimvwama kia kanda* (*difwa dia kanda, mvwilu ya kanda*, nécessaire pour *landa nsamu mia kanda*) qui était privilégiée. La communauté ne met pas sa confiance au riche puisqu'il tend à être partisan (*mvwama nsusu, kanuana, maki mandi katanini*, le riche des poules, s'il se bat, c'est pour défendre ses œufs.)

Ne pas représenter correctement/loyalement la communauté à l'extérieur (*kintumwa kia maghubi/kinimalonde*, diplomatie) était une haute trahison punissable par la mort publique au marché. La politique étant du collectif (*kinzonzi kia kanda ; kia kingenga, bakulu ka basisa kio ko,* mais aussi : *munwa umosi kitutu*, une seule bouche est une calebasse vide), la mission diplomatique était une fonction dangereuse. C'est peut-être pourquoi dire la politique se fait au nom des ancêtres *(ngana zata bambuta vo)*. Enfin de compte la question est : qui servez-vous en dernière analyse ?

L'idéologie de *Sana*, vivre pour les autres, la solidarité communautaire, était, comme on l'accepte aussi aujourd'hui, le fondement de la paix. C'est aussi elle qui exige que les conflits ne puissent être résolus que par la palabre, dans la participation active de toute la communauté *(wadia wadia, tala nkubu yaku, nkubu yaku, lumbu kikabaka, ngangu, ngangu ziyokele !)*

Ernest Wamba-dia-Wamba

Les enseignements du mbongi *(et de la palabre) aujourd'hui*

Le *mbongi* est de plus en plus frappé de disparition dans les villages sans qu'on puisse voir quelque chose qui le remplace. Avec lui-même la langue, dans le terroir Kongo, est menacée de disparition, surtout ici à Kinshasa. Les sources d'influences principales (en crise) dans la formation de la jeunesse aujourd'hui (la famille, l'école, l'Eglise, la télévision, la rue) n'incluent pas le *mbongi*. Les initiations *(ku kanga, ku kongo, ku londe)* semblent avoir disparu. L'individualisme règne en maître dans son ignorance culturelle.

La Constitution de la transition s'ouvre par une référence, dans son préambule, à « des valeurs culturelles et spirituelles profondément enracinées dans les traditions de solidarité et de justice du Peuple congolais » et de la conscience « de la diversité culturelle qui est un facteur d'enrichissement spirituel de la personnalité de notre Peuple ». Cette conscience ne semble pas s'exprimer dans le reste de la Constitution. L'ancrage culturel congolais des valeurs dites universelles n'est pas spécifié. Il serait intéressant de faire une lecture culturelle ne-Kongo, par exemple, de cette Constitution.

La primauté de la communauté sur l'individu ne semble pas y être affirmée. Ce serait important d'expliciter le fondement culturel des institutions de la transition : un enracinement occidental complètement ou africain complètement ? Le professeur B. Mupinganayi (*Dialogue Intercongolais*, 2002) parle de « l'inculture politique », et s'il s'agissait de « inculture culturelle » tout court ? Il n'y a rien qui empêcherait les individus dans les institutions de la transition de ne pas poursuivre, en priorité, leurs intérêts personnels.

La tentative, par Cotinho, de créer un *mbongi* sur le thème de "sauvons le Congo" a été sauvagement réprimée. Son appel à tous de participer à une palabre au stade du 20 mai avait terriblement inquiété le gouvernement. Le Pasteur Cotinho, persécuté par des pasteurs proches de l'État, a été tabassé ; il aura eu la vie sauve par la grâce de Dieu.

Toute la vision politique, enracinée autour de l'Etat-greffe, est focalisée sur la seule conquête, surtout individuelle, du pouvoir (pour le pouvoir) subordonnant au second plan la promotion et la protection de toute vie humaine. Alors que la majorité de la population demande que les institutions fonctionnent en faveur de la société dans son intégralité, elles ne fonctionnent qu'en faveur des individus. La recherche des "commissions", dans l'exécution même des obligations assignées aux animateurs, bloque la réalisation des projets (par exemple : la résolution de la crise de l'électricité à Kinshasa et l'évacuation des immondices) favorables à toute la communauté. Servir la population est devenu lui faire une faveur plutôt que d'être une obligation.

Les gens parlent beaucoup de la démocratie, en termes de "politique universelle" (il faut entendre par là, occidentale). Cela parce qu'ils ne prennent pas en compte le fondement ni culturel ni historique des démocraties existantes. La démocratie américaine a été construite sur la base d'élimination/exclusion des autochtones américains, de relégation des noirs à la position marginale, la célébration des acquis des révolutions bourgeoises européennes et la domination du reste du monde. La britannique, la plus vieille, reste marquée par son histoire et son fondement culturel, jusqu'à l'auto-confiance caractérisée par l'absence d'une constitution écrite. Aucune démocratie n'est qu'universelle.

Lorsque la dialectique des ailes devient détachée de celle des racines, Afonso 1er plutôt que *Mpanzu* succède au roi *Nzinga Nkuwu* et *Nzadi* devient Zaire sans qu'on se rende compte de la mystification, Kongo Central devient Bas-Congo. *(Ukwela mama, tata kwandi, kanele vo lauki ?)*

La société congolaise comme telle, ou ses parties, n'ont pris en mains, faute des *zimbongi* réels, le règlement de ses rapports sociaux dérangés par des conflits. On parle de l'absence d'État dans certaines parties du Pays (en Ituri, par exemple), le fait est que les lieux culturels de règlement des rapports sociaux ou communautaires font défaut. L'État-greffe, sans enracinement culturel, ne peut que s'imposer par la force. N'y-a-t-il pas des bases culturelles des actes de ceux qui facilitent le pillage de nos ressources nationales par des étrangers ?

Quelles sont les bases culturelles qui ont guidé les négociations inter congolaises : quant au choix des participants, des médiateurs, du facilitateur ou du lieu ? Quand on tombe dans un trou, on ne regarde pas la couleur culturelle de celui qui vient en aide, peut-être… Mais une fois en dehors du trou ?

Demain le mbongi *: prolongation de la sous-tutelle ou l'indépendance ?*

La question du *mbongi* c'est la question de la participation effective de toute la population congolaise au règlement des rapports sociaux de toute la société congolaise. La disparition graduelle du *mbongi* au village fait que le 'chacun pour soi' y a pris droit de cité. Les valeurs morales de respect, de l'idéologie de *sana, de la sacralité* de la terre ancestrale, etc., ont chuté si pas disparues. Les enfants n'apprennent plus rien des valeurs culturelles, par exemple, l'expérience démocratique de participer au débat de *ntungasani*, en son nom et y exiger la réaffirmation de ses droits. Les institutions, essentiellement bureaucratiques – y compris l'école aux mains des enseignants sans confiance-de-soi — ne donnent aucune éducation à la démocratie. Si l'État-greffe parvient á déraciner, pour les remplacer, toutes les valeurs culturelles traditionnelles, le pays sera sous-tutelle. L'indépendance exige l'existence des *zimbongi* à travers lesquels les gens penseront et ensemble règleront les rapports sociaux. La transformation des rapports sociaux répressifs en rapports non répressifs dépend de cela et non de la seule conquête du pouvoir d'État-greffe même par les meilleurs de nous-mêmes.

Référence

Wamba-dia-Wamba, Ernest 'La Palabre comme pratique de la critique et de l'autocritique sur le plan de toute la communauté', *Journal of African Marxists,* no.7, mars, 1985, pp. 35-50.

Printed and bound in the United Kingdom
27/08/2025
01944891-0012